AI 시대
기초 한문공부

| 생성문법으로 한문 해석하기 |

김종호 지음

漢文工夫

한티미디어

저자 소개

김종호

• 충남 예산 생(1960.9.음력)

[경력]
• 한국외국어대학교 중국어과 및 대학원 졸(학사:1985, 석사:1988)
• 연세대학교 대학원 중어중문학과 졸(박사:1994)
• 성신여자대학교 중어중문학과 교수(1994.9-2009.8)
• UC. Berkeley, center for chinese studies visiting scholar(2002.2-2003.2)
• 國立臺灣師範大學 文學院 國文係 客座教授(2018.2-2018.8)
• 北京語言大學 語言學係 短期 語言學教授(2019.06.28-2019.07.05)
• 한국외국어대학교 중국언어문화학부 교수(2009.09-현재)

[저역서]
• 『현대중국어 화제화 이중명사 구문 연구』(2011), 한국문화사
• 『현대중국어 10문형 50구문』(2011), 한국외국어대학교 출판부
• 『도표로 보는 정통문법』(2012[2007]), 한국외국어대학교 출판부
• 『공자, 멋진 사람을 말하다』(2013), 한티미디어
• 『생성문법이란 무엇인가?』(2015)[공역], 한국문화사
• 『논어명구』(2017), HUINE, [세종학술도서(2018): 언어분야]
• 『최소주의 생성문법 13강』(2018), HUINE
• 『한문해석공식: 촘스키가 논어를 읽는다면』(2019), 한티미디어, [세종학술도서(2019): 언어분야]
• 외 70여 편의 중국어학 관련 학술 논문

– 생성문법으로 한문 해석하기 –

AI시대 기초 한문공부

발행일   2020년 2월 28일 초판 1쇄
지은이   김종호
펴낸이   김준호
펴낸곳   한티미디어 | 서울시 마포구 동교로 23길 67 3층
등 록   제15-571호 2006년 5월 15일
전 화   02)332-7993~4 | 팩 스 02)332-7995
ISBN   978-89-6421-401-5 (93720)
가 격   17,000원
마케팅   노호근 박재인 최상욱 김원국
편 집   김은수 유채원 | 관 리 김지영 문지희
본 문   신설희 | 표 지 유채원

이 책에 대한 의견이나 잘못된 내용에 대한 수정 정보는 한티미디어 홈페이지나 이메일로 알려주십시오.
독자님의 의견을 충분히 반영하도록 늘 노력하겠습니다.

홈페이지 www.hanteemedia.co.kr | **이메일** hantee@hanteemedia.co.kr

머리말

한문을 자립적으로 정확히 해석하자. 또, 가능한 한 그것을 **공식화**하자. **한문·고대중국어**가 아주 오래된 **언어체계**이지만, 그 생성의 암호를 풀어낸다면, 한문해석도 두렵지 않다. 우리 뇌 속에 내장된 엄청난 언어능력을 한 번 믿어보자. 필자는 이런 의도에서 『한문해석공식(2019)』을 출간한 바 있다. 그런데 그 책은 상고중국어인 『논어』 문장만을 예문재료로 하였기에, 초급수준의 학습자에게 다소 어렵다. 이에 한문을 처음 접하는 사람이라도 쉽게 접근할 수 있는 7종의 중학교 한문교과서 예문을 재료로 하여 **한문 해석공식**을 적용하고자 이 책을 짓는다.

이 책은 **생성문법**(generative grammar)적 관점에서 지어진다. 우리는 인간의 **언어능력**(language faculty)이 **조물주**(Big Creator)에 의해 타고난 것임을 믿는다. 또, 한문의 통사구조도 **핵**(head) 단어에 의해 다른 단어나 **구**(phrase)와 1:1로 **병합**(merge)되어 계층적으로 구조화된다고 본다. 또, 자연어로서 한문의 통사적 시스템은 완전하다고 본다. 즉, 주어진 언어환경에서 한문의 모든 문장은 **완전한 구조체**라는 것이다. 따라서 일정한 언어환경에서 그 문장의 필수성분은 눈에 보이지 않거나 발음되지 않더라도 반드시 존재한다. 그것들은 자신이 있어야 할 자리에 투명체처럼 존재하며 문장의 **구조화와 해석**에 기여한다. 우리는 이러한 배경하에서 한문이 어떻게 조직화되는지 설명한다.

이 책은 세 부분으로 구성된다. Ⅰ장은 **해석공식을 세우기** 위한 기초이론이다. 여기서는 문장성분, 문장의 유형, 사건의미 등에 대해 간략히 설명한다. Ⅱ장은 **문형 속 해석공식의 적용**이다. 여기서는 단문 속에 적용되는 해석공식을 제시한다. 즉, 단문에 대해 'SV', 'SVO', 'SVC', 'SVOC' 등의 **4개의 문형**으로 분류한 후, 그에 대해 사건의미에 따라 **11개의 해석공식**을 적용한다. Ⅲ장은 한문으로 기록된 한국과 중국의 **고전명작 번역에 있어 해석공식의 운용**이다. 즉, 경서(經書), 제자서(諸子書), 역사서, 산문(散文), 운문(韻文) 등에 있어 해석공식을 운용한다. 우리는 그것을 전통이나 감각이 아닌 **언어과학으로 해석**하고 싶다.

독자들이 이 책을 통해 한자로 기록된 동양고전을 빠르고 정확하게 해석해내는 **강력한 힘**을 제공받길 기대한다.

2020.02
서울 이문동 연구실에서
김 종 호

차례

차례

Ⅰ 장

해석공식 세우기

생성문법으로 한문 해석하기 ─ AI 시대 기초 한문공부

1. 문장성분

1.1. 필수성분

1.1.1. 술어(V-v)

술어는 주어와 더불어 **문장의 필수성분**이다. 여기서 말하는 '술어'는 동사와 경동사(light verb, 輕動詞) 간의 병합된 형태인 'V-v'의 구조체이다. 먼저 다음 표를 통해 술어의 특징을 이해하자.

(1) 술어(V-v)의 의미특징 및 예문

술어의 특징 및 예문 / 사건의미와 경동사		술어(V-v)의 의미특징		예문
		술어 자체	주어 관련	술어동사(V-v): '生-v'
활동 [DO]	v	[+진행]	[+의지성]	父生我身. 부모가 나를 낳으셨다.
상태 [BE]	v	[+상태],[+판단], [+소유],[+존재],[+비교]	[-의지성]	(父)生, (事之以禮). (부모가) 살아계시면,
변화결과 [BECOME]	v	[+변화]	[-의지성]	(本立,) 道生. 도가 생기다.
사역 [C-B]	v-v	[+사역]	[±의지성]	(藥醫者藥,) 以生之. 그를 살리다.

([C-B]는 [CAUSE-BECOME]의 간단한 표현이다.)

'사건의미'란 문장이 사건(event)를 표현하는 모종의 방식인데, '경동사(v)'에 의해 표시된다. 일단 위와 같이 네 종류의 사건의미를 설정한다. 그때 술어(V-v)가 표시하는 의미특징과 예문을 각각 살펴보자. 같은 음과 의미(기본적으로 동일한 의미)를 가진 동사 '生'을 사용하는데, 각 **문장에서의 의미 차이가 확연**하다. 왜 그런가? 본질적으로 경동사의 차이에 기인한다. 따라서 동사가 어떤 경동사와 결합하여 어떤 **사건의미**를 나타내는가에 집중해야 한다. 그럴 때 명확한 해석의 실마리가 잡힌다.

| 보이지 않는 술어 'EV'의 설정 |

우리의 머릿속은 **술어가 없는 문장에 대해 완전한 해석을 내리지 못한다**. 따라서 이 책은 '**발음되지 않는 술어**', '**비명시적 술어**'가 있음을 상정한다. 예를 들어 한문의 SVC 문형 속에는 동사가 생략된 'SC' 형식이 많다. 이 때 우리는 보이지 않는 동사술어 '**EV, empty verb**'를 설정한다. 이는 '**술어동사가 있지만 명시적이지 않거나 발음되지 않는다.**'는 의미이다.

1.1.2. 주어(S)

주어는 술어와 더불어 **문장의 필수성분**이다. 주어는 문장 구조 속에서 **주격**(nominative)을 받는 **논항**(argument: 일정한 구조 속에서 술어성분과 직접적 관계를 가지는 필수성분)이 가지는 기능이다. 이는 한국어로 번역할 때 **주격조사 '-이/가(은/는)'**을 첨가할 수 있는 성분이다. 주어는 사건의미에 따라 서로 다른 **의미역**(theta role: 일정한 구조에서 동사, 경동사, 전치사 등에 의해 **논항**에 부여되는 의미적 역할)을 가진다. 다음 표를 통해 **사건의미**(3절에서 구체적으로 다룸)와 주어 논항이 보이는 의미역 간의 관계를 보자.

(2) 사건의미와 주어의 관계

사건의미와 예문		주어의 의미역과 예문해석	주어(S)의 의미역	예문해석
ⓐ	활동 [DO]	骨肉S相爭V.	[+의지]의 〈행위자〉	형제들이(/뼈와 살) 서로 싸우다.
ⓑ	상태 [BE]	家S和V.	[+묘사]의 〈대상자〉	집안이 화목하다.
ⓒ	변화결과 [BECOME]	萬事S成V.	[+변화]의 〈대상자〉/〈경험자〉	모든 일이 이루어진다.
ⓓ	사역 [C-B]	至誠S感V天O.	[+사역]의 〈원인자〉	지극한 정성은 하늘로 하여금 감동하게 한다.

표에서 보듯, **'사건의미'**에 따라 주어의 의미역이 우리 머릿속에 확정되면 해석이 훨씬 쉬워진다.

| **보이지 않는 주어 'ES'의 설정** |

한문·고대중국어에서는 주어가 생략되어 보이지 않는 경우가 흔하다. 우리는 이런 주어를 'ES, empty subject'로 설정한다. 이는 주어가 없다는 뜻이 아니라 있지만 명시적이지 않거나 발음되지 않는다는 의미이다. **주어가 없는 문장에 대해 우리 머리는 완전해석을 가할 수 없기에 반드시 설정되어야 한다.** 따라서 우리는 'ES'를 설정한다. 이 주어는 경제성을 고려하여 발음하지 않을 뿐, 우리 머릿속 언어장치에서는 언제든지 환원시켜 해석한다.

1.2. 보충성분

1.2.1. 목적어(O)

목적어는 술어성분에 의한 직접 지배 〈대상자〉만을 의미한다. 즉, 목적어는 술어동사와 **직접적인 선택 관계를 가지며,** 반드시 목적격을 부여받는다. 이는 매우 강력한 원칙이다. 따라서 한국어로 해석될 때는 반드시 **목적격 조사 '-을/를'**을 첨가할 수 있어야 한다. 본서는 이 조건을 만족시키지 못하는 술어동사 뒤의 모든 명사구와 전치사구에 대해 일률적으로 **보어(C)**라고 한다.

| 보이지 않는 목적어 'EO'의 설정 |

한문·고대중국어에서 **목적어가 생략되어 보이지 않는 경우**가 빈번하다. 우리는 이런 경우에 'EO, empty object'를 설정한다. 이는 목적어가 없다는 뜻이 아니라 있지만 명시적이지 않거나 발음되지 않는다는 의미이다. 문장의 구조상 목적어가 있어야 하는 자리인데도 문맥상 이동하였거나 생략되어 보이지 않더라도, 우리 **머릿속에서는 이 목적어가 명확하게 해석되어야 한다.**

1.2.2. 보어(C)

보어는 술어성분의 뒤에 위치하여 술어를 보충하는 비교적 다양한 성분이다. 술어 동사 뒤에 위치하나 목적격을 받지 않는 각종 한정사구(DP), 전치사구(PP), 절(CP) 등이 바로 보어이다. 이 술어 동사 뒤에서 보어(C)를 구성하는 구조체는 명시적이든 비명시적이든 모두 **전치사(P, preposition)**를 가지며, 이 전치사는 **자신의 보충어에 대해 일정한 의미역을 할당**한다. 다음 예를 보자.

(3) a. (ES)聽V之V<u>以心</u>C.
　　　 (너는) 그것을 마음으로 들어라.
　　b. 無足之言S飛S<u>于/於千里</u>C.
　　　 발 없는 말이 천리까지 날아간다.

　a, b의 밑줄 친 부분은 모두 명시적인 전치사로 이루어진 보어이다. a는 전치사 '以'를 중심으로 구성된 보어로, 주어의 행동 〈방식/도구〉를 나타낸다. b는 전치사 '于/於'를 중심으로 구성된 보어로, 주어가 도착되는 〈장소〉를 나타낸다. 이런 경우의 전치사는 보어를 구성하는 **핵**이 되어 **자신의 보충어인 한정사구(DP)**에게 문맥/논리에 맞는 **의미역을 준다.**

┃ 보이지 않는 전치사 'EP'의 설정 ┃

보이지 않는 요소가 있다는 것은 전치사도 예외가 아니다. 먼저 다음 예를 보자.

(4) a. 以卵投<u>石</u>
　　　 계란으로 바위에 던지다.
　　b. 過S猶V<u>不及</u>C.
　　　 지나침은 미치지 못함과 같다.

　(4) a, b 밑줄 친 부분이 보어이다. 즉, 이들은 한국어 번역에서 보듯 동사의 지배 〈대상자〉가 아니라 보충 성분일 뿐이다. 절대로 목적격으로 해석되지 않는다. 그런데 문제는 예(3)의 경우와 달리 전치사가 보이지 않는다는 점이다. 더 신기한 것은 **전치사가 안 보이는 데도 마치 있는 듯 해석한다**는 것이다. 즉, a는 'EP(-에/로)+石(바위)', b는 'EP(-과/와)+不及(미치

지 못함)'으로 해석한다. 따라서 보이지 않지만 머릿속에서는 적절한 전치사를 상정해야 해당 구절이 완전하게 해석된다.

이상을 요약하여 표로 나타내면 다음과 같다.

(5) 보어(C)의 구조와 해석

한정사구(DP) 전치사(P)	한정사구(DP)		한국어 조사 대응 양상
	의미역	의미 특징	
비명시적 P / 명시적 P	〈대상자〉	[존재], [판단], [결과], [소유], [비교], [수혜] 등	-이/가, -에게, -와/과, -라고(/로)
	〈장소〉	[원점], [출발점], [종점(/귀착점)] 등	-에서, -(으)로부터, -(에게)로
	〈근거〉, 〈방식〉, 〈도구〉, 〈재료〉		-로, -써

(DP는 속성적으로 명사성인 단어가 최대한 확장된 상태의 구를 의미한다.)

표에서 보듯, 보어 구를 구성하는 명사구는 전치사의 명시성과 상관없이 모두 〈대상자〉, 〈장소〉, 〈도구〉, 〈방식〉, 〈재료〉 등의 의미역을 받는다. 따라서 보어 구에서 전치사가 발음되지 않는 경우일지라도 환원하여(/회생시켜) 문맥에 맞는 해석을 해야 한다.

1.2.3. 부가어(Adj)

술어의 앞, 또는 문장의 앞 등에 위치하는 각 종의 수식 성분을 이른다. 소위 부사(어), 조동사, 화제어 등을 이르는 말이다. 이 책은 II장-III장의 '도식보기' 부분에 '부가어'라는 항목과 더불어 '앞 성분', '화제', '뒷 성분' 등의 항목을 설정한다. 결국, 이 부가어(Adjunct)는 문장의 부가적 정보를 전달하는 각종 요소라 하겠다.

2. 문장유형

문장성분을 선형(線形)적으로 배열하여 나타낸 것들이 바로 '**문장의 유형**'이다.

문장에서 **주어와 술어는 필수성분**이다. 즉 주어와 술어는 우리 머리속에서 어떤 정보를 해석할 때, 필수적인 요소라는 것이다. 이들이 구성하는 주술구조를 'SV'라고 적는다. 한편, 주술구조에 보충어가 부가된 경우도 있다. 즉, 목적어와 보어의 유무 차이에 따라 문장의 유형을 나눈다면, 우리는 최종적으로 'SV', 'SVO', 'SVC', 'SVOC'의 4 문형을 얻을 수 있다.

2.1. 'SV' 문형

문장의 필수성분인 주어(S)와 술어(V)로 구성된 문형이다. '**주어(S)+술어(V)**'로 적는다.

2.2. 'SVO' 문형

'SV' 문형에 목적어(O)가 보충된 유형이다. '**주어(S)+술어(V)+목적어(O)**'로 적는다.

2.3. 'SVC' 문형

'SV' 문형에 보어(C)가 보충된 유형이다. '**주어(S)+술어(V)+보어(C)**'로 적는다.

2.4. 'SVOC' 문형

'SV' 문형에 목적어(O)와 보어(C)가 모두 배열된 유형이다. 한문/고대중국어에서 이 배열
은 목적어와 보어의 자리바꿈이 가능한 경우가 있다. 이에 우리는 '**주어(S)+술어(V)+목적어
(O)+보어(C)**' 혹은 '**주어(S)+술어(V)+보어(C)+목적어(O)**'로 적는다.

이상을 2.1-2.4의 내용을 요약하여 표로 나타내면 다음과 같다.

(6) 문형 분류 표

연번	문형	간략식
ⓐ	'주+술' 문형	SV
ⓑ	'주+술+목' 문형	SVO
ⓒ	'주+술+보' 문형	SVC
ⓓ	'주+술+목+보' 문형	SVOC/SVCO
	'주+술+보+목' 문형	

도표에서 생략된 성분은 별도로 표시하지는 않았다. 즉, 'ES, EV, EO, EC' 등은 해당 성분
이 생략되는(/발음되지 않는/비명시적인) 경우를 표시한다. 따라서 주의할 점은 '생략되어 **없
다.**'가 아니라 '생략되어 **있다.**'라는 점이다. 문맥상 당연하여 생략한 상태이다. 한편, ⓓ의
'SVOC'와 'SVCO'는 목적어와 보어가 서로 **자리바꿈현상**이 있음을 의미한다.

3. 사건의미

사건의미란 **경동사**에 의해 동사구(VP)에 표시되는 **추상적 의미**이다. 이는 우리 뇌에서 발생하는 바, 사건(event)을 이해하는 언어적 사유/방식이라 하겠다. 우리는 이 사건의미를 '활동[DO]', '상태[BE]', '변화결과[BECOME]', '사역[CAUSE-BECOME]' 등으로 나눈다.

우리는 기술의 편의를 위해, 'DO' 사건의미는 Ⓐ로, 'BE' 사건의미는 Ⓑ로, 'BECOME' 사건의미는 Ⓒ로, [CAUSE-BECOME]의 사역 사건의미는 Ⓓ 혹은 '[C-B]'라고 표시한다.

3.1. 활동[DO] 사건의미

'활동' 사건의미란 '〈행위자〉 **주어**가 **의지성을 가지고** 〈대상자〉에게 **어떻게 행동/처리(V-v)하는지를 표시하는 것**'을 말한다. 다음 예를 보자.

(7) a. 師弟S同行V. 스승과 제자가 동일하게(/함께) 행동한다.
  b. 愚公S移V山O. 우공(愚公)이 산을 옮기다.
  c. 其餘, ES輸V之O官C. 그 나머지는, (ES/만덕이) 그것을 관청으로 보냈다.

a는 'SV 문형', b는 'SVO 문형', c는 'SVOC 문형'이다. 이처럼 문형은 다르지만 사건의미는 모두 **'활동' 사건의미**이다. 이들 문장에서 **주어는 [+의지]의** 〈**행위자(agent)**〉이다. 또, 각 술어는 모두 의지의 행위를 표시하며, 일반적으로 **지배** 〈**대상자(theme)**〉 **목적어**를 가진다. 또, 예 c처럼 경우에 따라 보어(C) 성분을 가지기도 하나 흔치는 않다.

3.2. 상태[BE] 사건의미

'상태' 사건의미란 '묘사 〈대상자〉 주어를 어떻게 묘사(V-v)하는지'를 나타내는 것을 말한다. 다음 예를 보자.

(8) a. 燈下S不明V.

   등불 아래가 밝지 않다/등잔 밑이 어둡다.

   b. 明S若V觀火C.

   밝기가 불을 보는 것 같다.

   c. 五十步S(EV)百步C.

   (도망친다는 입장에서)오십 걸음은 백 걸음과 같다.

a는 'SV 문형'이고, b는 'SVC 문형'이다. 특히 c는 동사가 발음되지 않는 'EV'이다. **'상태' 사건의미**를 표시하는 문장에서 **주어**는 묘사 〈대상자〉이다. 우리 뇌는 이런 주어가 어떤 **상태와 관련되어야 함**을 안다. 즉, 술어는 [-의지]적 상태이며, 목적어가 필요하지 않다. 예문 a의 술어동사인 '明V(밝다)'나, b의 '若V(같다)', c의 'EV(같다)'는 술어의 이런 특징을 반영한다.

3.3. 변화결과[BECOME] 사건의미

'변화결과' 사건의미란 '[-의지]의 〈대상자〉 혹은 〈경험자〉 주어가 어떤 변화결과에 처하게 되는지(V-v)'를 표시하는 것을 말한다. 이는 술어가 목적어를 가지지 않는 소위 **비대격동사 (unaccusative)에 의한 경우가 많다.** 또, **[+심리]/[+인지] 동사에 의한 경우도 있다.** 다음 예를 보자.

(9) a. 千里之行S始V于足下C.

   천리 길도 발아래서 시작된다./천리 길도 한 걸음부터 시작된다.

   b. 君子S喜V揚人善C.

   군자는 남들이 착한 것을 드러내는 것을 좋아한다.

   c. 目C不識V丁O.

   눈이 고무래(丁)를 알아보지 못하다./낫 놓고 기역자(ㄱ)도 모른다.

a는 비대격동사에 의한 'SVC 문형'이고, b는 [+심리]의 술어동사에 의한 'SVO 문형'이고, c는 [+인지]의 술어동사에 의한 'SVO 문형'이다.

'변화결과' 사건의미를 나타내는 문장의 **주어**를 보자. 예 a-c 모두 [-의지]적 **변화의 〈대상자〉/〈경험자〉**이다. 이런 문형은 일반적으로 어떤 변화결과(/내용)와 관련되는 보어를 가진다. 한편, b와 c에서 보듯 **[+심리]/[인지]의 술어동사**는 비대격동사와 달리 **〈대상자〉 목적어**를 가진다. 이때의 주어는 심리나 인지의 **〈경험자〉**이다.

3.4. 사역[CAUSE-BECOME] 사건의미

'원인-변화결과' 사건의미란 '원인'을 나타내는 경동사와 '변화결과'를 나타내는 두 개의 경동사를 이용하여 **'사역'의 사건의미**를 표시하는 것을 말한다. '사역'의 사건의미는 기본적으로 **〈원인자(causer)〉**와 사역의 **〈대상자〉** 혹은 **〈경험자(experiencer)〉** 논항을 가진다.

한문에서 사역의 사건의미를 나타내는 형식은 두 가지이다. 즉, '원인'을 나타내는 경동사 [CAUSE]가 비명시적(covert)인가 명시적(overt)인가에 따라 나뉜다.

1) '원인' 표시 경동사가 비명시적인 경우

먼저 '원인[CAUSE]'을 나타내는 경동사가 **비명시적(covert)**인 경우의 예를 보자.

(10) a. 一魚S混V全川O/s.
    한 마리의 물고기가 모든 내를 흐리게 만든다.
  b. 子曰: "求也退, 故ES進V之O/s." [논어 선진22]
    공자가 말씀하셨다.
    "염구는 뒤로 빼는 스타일이어서, (내가) 그를 **나아가게 했다.**"
  c. 故ES移V陣O/s于右水營前洋C. [금:181, 이충무공전서]
    그러므로 (이순신은) 진을 우수영 앞바다로 **이동시켰다.**

표면상 a와 b는 'SVO 문형'이고, c는 'SVOC 문형'이다. 그러나 문형 차이와 상관없이 모두 **사역[C-B]**의 사건의미를 나타낸다.

2) '원인' 표시 경동사가 명시적인 경우

이는 '원인' 표시 경동사 [CAUSE]가 **명시적(overt)**인 경우이다. 한문에서 명시적으로 쓰이는 경동사로 '**使**', '**教**' 등이 있다. 다음 예를 보자.

(11) a. 天帝S使V我O/s長v百獸o. [동[1]:160-161, 전국책]

천제가 나로 하여금 백수의 우두머리가 되게 하셨다.

b. ES莫教V風O/s掃v地o. [동:130,이규보, 동국이상국집]

(ES는) 바람으로 하여금 땅을 쓸지 않게 해주세요.

c. 今母之力S不能使V(EO/s)痛v. [화:124, 소학]

오늘은 어머니의 힘이 (EO: 저를/저로 하여금) 아프게 하지 못합니다.

a는 문장의 주요성분이 모두 출현한 경우이고, b는 〈원인자〉 ES가, c는 〈경험자〉 'EO'가 각각 생략된 예이다. 그러나 이런 차이와 상관없이 모두 '**사역[C-B]**'의 사건의미를 나타낸다.

이상의 예에서 보듯, '**원인-변화결과**' 사건의미 구의 주어는 [±의지]의 〈**원인자(causer)**〉이다. 우리 뇌는 이런 주어가 미치는 힘과 그 결과, 즉 '**사역**'의 의미가 무엇인지 알아차린다. 즉, [+원인]과 [+변화결과]의 사역적 변화결과를 예상한다. 따라서 사역의 〈**원인자**〉와 〈**대상자**〉/〈**경험자(experiencer)**〉라는 두 개의 논항(/명사구/DP)가 반드시 필요하다. 입으로 발음되지 않더라도, 우리의 머릿속은 착오 없이 읽어낸다.

---

1 본서의 참고예문에 대한 출전 표시는 다음과 같다.

지: 안재철외(2018),『중학교 한문』, 지학사. 화: 이상진외(2018),『중학교 』, 동화사. 교: 임완혁외(2018),『중학교 한문』, 교학사. 대: 이병주외(2018),『중학교 한문』, 대학서림. 비: 이동재외(2018),『중학교 』, 비상교육. 동: 박성규외(2018),『중학교 한문』, 동아출판. 금: 오형민외(2018),『중학교 한문』, 금성출판사.

이상 각 사건의미에 따른 주어와 목적어의 의미역과 격, 그리고 술어의 의미특징 등을 종합해보자.

(12) 사건의미와 문장성분의 관계

문장성분의 의미역과 격 및 특징 / 사건의미	주어(S) 의미역	격	술어(V-v) 의지성 유무	목적어(O) 의미역	격	보어(C) 전치사에 의한 의미역
활동[DO]	〈행위자〉	주격	[+의지]	〈대상자〉	목적격	
상태[BE]	묘사 〈대상자〉	주격	[-의지]			〈장소〉, 〈근거〉, 〈대상자〉, 〈도구〉
변화결과 [BECOME] A	변화결과 〈대상자〉	주격	[-의지]			〈장소〉, 〈근거〉, 〈대상자〉, 〈도구〉
변화결과 [BECOME] B	변화결과 〈경험자〉	주격	[-의지]	〈대상자〉	목적격	
사역[C-B]	〈원인자〉	주격	[±의지]	〈대상자〉 〈경험자〉	목적격	〈장소〉, 〈근거〉, 〈대상자〉, 〈도구〉

1. 변화결과 사건의미에서 A는 동사가 '비대격동사'인 경우이고, B는 동사가 '심리·인지' 동사인 경우이다. 이 둘의 차이가 크므로 따로 분리하여 표시한다.
2. 표에서 공란은 해당 문장성분이 출현하지 않는 경우이다.

| 동일한 동사 위에 부가된 사건의미 차이에 대한 이해 |

한문이나 고대중국어에서 같은 하나의 동사가 형태변화 없이 여러 사건의미를 표시하는 경우가 있다. 다시 술어 동사 '生'의 서로 다른 사건의미를 보자(본서 도표1의 예문 참조).

(13) a. 父生我身, 母鞠我身. [사자소학]

　　　 아버지는 내 몸을 낳으시고, 어머니는 내 몸을 기르신다.

　　 b. 子曰: "生, 事之以禮." [논어 위정5]

　　　 공자께서 "부모가 살아계시면, 예의로써 그들을 섬긴다."라고 말씀하셨다.

　　 c. 本立而道生. [논어 학이2]

　　　 근본이 서면, 도가 생긴다.

　　 d. 藥醫者藥, 以生之. [백곡집]

　　　 약을 쓰는 의사는 약을 써서, 그를 살린다.

예(13)에 공통적으로 사용된 술어 동사 '生'의 어휘의미와 사건의미를 보자.

a. 낳다 - [활동(DO)]

b. 살다/존재하다 - [상태(BE)]

c. 생기다 - [변화결과(BECOME)]

d. 살게 (되게) 하다/살리다 -[사역(C-B)]

보다시피 같은 동사 '生'이라도 경동사의 차이에 따라 **사건의미**가 다르게 설정된다. 따라서 어떤 동사는 어떤 사건의미를 나타낸다는 식의 고정적인 사고방식으로는 정확한 한문해석을 기대하기 어렵다. 사건의미 차이에 따라 문장 내부의 **논항이 보이는 의미역**을 잘 설정하여 **완전한 해석**을 해야 한다.

이상 I장의 1-3에서 설명한 내용에 근거하여 한문·고대중국어 해석공식을 요약해보자.

[1] 'SV' 문형 속 해석공식

- [공식 1] '행위자 S가 V(를) 하다'
- [공식 2] '묘사 대상자 S가 V하다'
- [공식 3] '변화 대상자 S가 V(하게) 되다'
- [공식 4] '원인자 S가 (EO/s)로 하여금 V하게 하다'

[2] 'SVO' 문형 속 해석공식

- [공식 5] '행위자 S가 O를 V하다'
- [공식 6] '경험자 S가 O를 V하(게 되)다'
- [공식 7] '원인자 S가 O/s로 하여금 V되게 하다'

[3] 'SVC' 문형 속 해석공식

- [공식 8] '묘사 대상자 S는 C가(/와/에) V(하)다'
- [공식 9] '변화 대상자 S는 C로(/에게/까지/부터) V되다'

[4] 'SVOC/SVCO' 문형 속 해석공식

- [공식 10] '행위자 S가 O를(/에게) C로써(/라고/에서/에게) V하다'
- [공식 11] '원인자 S는 O를(/가/로 하여금) C에(로/따라) V되게 하다'

II장

문형 속 해석공식의 적용

― 생성문법으로 한문 해석하기 ―

AI 시대 기초 한문 공부

1. 'SV' 문형

공식 1 '행위자 S가 V(를) 하다'

1) 도식보기

연번 및 읽기	앞 성분	주어 S	부가 성분	술 어 동사 V	술 어 경동사 DO	뒷 성분	출전
①2		師弟	同	行			지:24
②3		骨肉	相	爭			대:139
③4	出	ES	必	告		,	비:71 예기
	反	ES	必	面		.	
④5	晝	ES		耕		,	지:106
	夜	ES		讀		.	

2 사제동행[師:스승, 弟:제자, 同:함께, 行:가다/행동하다]
3 골육상쟁[骨:뼈, 肉:고기, 相:서로, 爭:다투다]
4 출필고, 반필면[出:나가다, 必:반드시, 告:아뢰다, 反:되돌아오다, 必:반드시, 面:얼굴을 마주하다].
5 주경야독[晝:낮, 耕:밭을 갈다, 夜:밤, 讀:읽다]

2) 해석하기

① 스승과 학생이 함께 행동(을)하다.

② 골육이(/형제가) 서로 다투다.

③ 밖으로 나감에 있어 (자녀는) 반드시 (부모에게 행선지를) 말씀드리고,

　(집에) 돌아옴에 있어 (자녀는) 반드시 (부모에게) 얼굴을 뵈어라.

④ 낮에는 (당신이) 밭을 갈고,

　밤에는 (당신이) 공부하라.

3) 해설

- **술어(V-v):** 술어는 [+의지]적인 '활동' 사건의미를 나타낸다.
- **주어(S):** 주어는 명시(S)적이든 비명시(ES)적이든 모두 [+의지]적인 활동을 하는 〈행위자〉이다.
- **비명시적인 'ES':** '일반주어(/너희/사람)'로 해석되므로 생략된다. 그러나 역시 [+의지]적인 활동을 하는 〈행위자〉 주어로 해석된다.
- **앞 성분:** 주어 앞에 위치하는 성분들은 대개, 시간명사 화제이거나 상황을 나타내는 부사어이다. 특히 ③의 화제 '出(집에서 나감)'과 '反(집으로 돌아 옴)'은 명사적으로 해석되어야 함에 주의하자.

4) 심화 및 참고

- **③의 '面':** 이 구조 하에서는 활동[DO] 술어(V-v)로 해석되어야 한다. 즉, 의지적으로 '얼굴을 면(/대/마주)하다'이다.
- **예기(禮記):** 유학의 경전인 오경(五經)의 하나로 주로 '예(禮)'에 대해 기록하였다. 총 49편(編)으로 이루어졌다. 예경(禮經)이라 하지 않고 『예기』라고 한 것은 예(禮)에 대한 기록 또는 주석(註釋)의 뜻을 나타낸다고 보았기 때문이다.

같은 유형이지만, 주어가 생략된 경우의 예를 더 보자.

1) 도식보기

연번 및 읽기	앞 성분	주어	부가 성분	술어		뒷 성분	출전
		S		동사 V	경동사 DO		
①6	東i	ES		問		EOi	비:30,화:34
	西j	ES		答		EOj	
②7		ES	東家	食			화:43
		ES	西家	宿			
③8	(相扶)	ES	相	助			지:59, 금:90
④9		ES		幼		而	비:52,지:87 고문관지
		ES	不	學		(老無所知)	
		ES	春若不	耕		(秋無所望)	

---

6   동문서답[東:동쪽, 問:묻다. 西:서쪽, 答:대답하다]

7   동가식서가숙[東:동, 家:집, 食:먹다, 西:서, 家:집, 宿:머물다/자다]

8   상부상조[相:서로, 扶:부축하다, 相:서로, 助:돕다]

9   유이불학, 노무수지, 춘약불경, 추무소망[幼:어리다, 而:그러나(역접 접속사), 不:아니다, 學:배우다, 老:늙다, 無:없다, 所:-바, 知:알다, 春:봄, 若:만약, 不:아니다, 耕:(밭을) 갈다, 秋:가을, 無:없다, 所:-바, 望:바라다]

2) 해석하기

① 동쪽의 것에 대하여 (ES가) 물었으나,

　서쪽의 것에 대해 (ES가) 답하다.

② (ES가) 동쪽 집에서 먹고,

　(ES가) 서쪽 집에서 잠을 잔다.

③ (사람들이 서로 붙잡아주고) (사람들이) 서로 도와준다.

④ (ES가) 어린데도(/나)

　(ES가) 공부하지 않으면, (늙어서 아는 것이 없다).

　(ES가) 봄에 만약 밭을 갈지 않으면, (가을에 바라는 바가 없다).

3) 해설

- **술어(V–v):** 술어는 [+의지]적인 활동을 나타낸다.
- **비명시적인 주어(ES):** 주어가 생략된 이유는 '일반주어(사람들/너희/그들)'이기 때문이다. 그러나 주어는 명시(S)적이든 비명시(ES)적이든 모두 [+의지]적인 활동을 하는 **〈행위자〉**이다.
- **①의 '앞 성분' '東i'과 '西j':** 각각 목적어의 위치 'EOi'와 'EOj'에서 문두로 **화제화**된 것들이다(i와 j는 동일지시표시 부호이며, 이하 동일하게 적용됨).
- **④의 '부가 성분' '春若不':** 모두 술어를 수식하는 부사어이다.

4) 심화 및 참고

- **동문서답(東問西答):** 질문의 내용과 엉뚱한 답을 함을 비유한다.
- **동가식, 서가숙(東家食, 西家宿):** 한 곳에 정착하지 못하고 여기저기 돌아다니며 숙식을 해결함을 비유한다.
- **고문관지(古文觀止):** 청나라 때 학자 오초재(吳楚才)와 오조후(吳調侯)가 1695년에 편찬한 산문집이다. 춘추 전국 시대부터 명나라 때까지 산문 222편이 수록되었다.

공식 2 '묘사 대상자 S가 V하다'

1) 도식보기

연번 및 읽기	앞 성분	주어 S	부가 성분	술어 동사 V	경동사 BE	뒷 성분	출전
①10		家		和		(萬事成)	지:24,동:25,대:89 명심보감
②11		室家		和		(則百事吉)	금:81
③12		父		慈			동:25
		子		孝		.	
④13		山		高			화:26
		水		長		.	
⑤14		燈下	不	明		.	금:50,동:54
⑥15		進退	兩	難		.	교:56
⑦16		千		辛			교:46지:53, 금:45
		萬		苦		.	
⑧17		三		寒			교:25
		四		溫		.	

10 가화(만사성)[家:집, 和:화목하다, (萬:숫자 일 만, 事:일, 成:이루어지다)]
11 실가화즉백사길[室家:집, 和:화목하다, 則:순접 접속사/그러면, 百事:모든 일, 吉:좋다]
12 부자자효[父:아비, 慈:자비롭다, 子:아들, 孝:효성스럽다]
13 산고수장[山:산, 高:높다, 水:물, 長:길다]
14 등하불명[燈:등, 下:아래, 不:아니다, 明:밝다]
15 진퇴양난[進:나가다, 退:물러나다, 兩:둘, 難:어렵다]
16 천신만고[千:천, 辛:고생스럽다, 萬:만, 苦:고통스럽다]
17 삼한사온[三:셋, 寒:춥다, 四:넷, 溫:따뜻하다]

2) 해석하기

① 집(안)이 화목하면, (모든 일이 이루어진다.)

② 집안이 화목하면, (모든 일이 좋게 된다.)

③ 아비는 자애롭고 자식은 효성스럽다.

④ 산은 높고,

물길/강은 길다. (군자의 덕행이 높고 오래 전하여 내려옴을 비유한다.)

⑤ 등불 아래가 밝지 않다/등잔 밑이 어둡다.

⑥ 나아가고 물러남 둘 다 어렵다.

⑦ 천 가지가 맵고,

만 가지가 고통스럽다.

⑧ 3일은 춥고,

4일은 따뜻하다.

3) 해설

- **술어(V-v)**: 술어는 [–의지] 적인 상태묘사를 나타낸다.
- **주어(S)**: 주어는 명시(S)적이든 비명시(ES)적이든 모두 [–의지]의 묘사 〈대상자〉이다.
- **⑦의 숫자 주어 '千'과 '萬'**: '모든/많은(all)'의 의미를 나타낸다.
- **①의 뒷 성분 '萬事成(모든 일이 이루어진다)'과 ②의 뒷 성분 '百事吉(모든 일이 좋아진다)'**: 이 예는 술어가 변화결과(BECOME) 사건의미이므로, 여기의 '상태 사건의미'의 예에 해당하지 않는다. 따라서 괄호로 묶어서 따로 표시한다(이하 동).

4) 심화 및 참고

- **명심보감(明心寶鑑)**: 중국 명나라 때 범립본(范立本)이 편찬한 책.

또, 같은 SV문형으로 **상태 사건의미** 중, '언행'과 관련이 있는 다음 예를 더 보자.

1) 도식보기

연번 및 읽기	앞 성분	주어 S	부가 성분	술 어 동사 V	경동사 BE	뒷 성분	출전
①18		去言		美		,	화:46, 비:46 동언해
		來言		美		.	
②19		來語	不	美		,	지:75, 금:69 순오지
		去語	何	美		?	
③20		去語	固	美			동:55 백언해
		來語	方	好		.	

---

18 거언미, 내언미[去:가다, 言:말, 美:아름답다, 來:오다, 言:말, 美:아름답다]
19 내어불미, 거어하미[來:오다, 語:말, 不:아니다, 美:아름답다, 去:가다, 語:말, 何:어찌, 美:아름답다]
20 거어고미, 내어방미[去:가다, 語:말, 固:진실로, 美:아름답다, 來:오다, 語:말, 方:바야흐로, 好:좋다]

2) 해석하기

① 가는 말이 고와야,

오는 말도 곱다.

② 오는 말이 예쁘지 않으면,

가는 말이 어찌 예쁘리오?

③ 가는 말이 진실로 아름다우면,

오는 말이 비로소 좋다.

3) 해설

- **술어(V-v)**: 술어는 [-의지] 적인 상태묘사를 나타낸다.
- **주어(S)**: 주어는 모두 [-의지]의 묘사 〈대상자〉이다.
- **부가성분 '何'**: 의문부사. '어찌'

4) 심화 및 참고

- **동언해(東言解)**: 작자 미상의 우리나라 한문 속담집.
- **순오지(旬五志)**: 조선 중기 홍만종(洪萬鍾)이 지은 문학 평론집.
- **백언해(百言解)**: 조선 후기의 학자 이익(李瀷, 1681-1763)이 편찬한 속담 모음집.

공식 3   '경험자 S가 V하(게 되)다'

첫째, [+심리] 혹은 [+인지] 술어인 경우

이런 술어문에서 주어는 '심리'나 '인지'의 〈경험자〉이다. 또, 술어에 대하여 [-의지]이다. 왜일까? 즉 '심리'나 '인지'의 행위는 주어의 의지대로 좌지우지되지 않기 때문이다.

1) 도식보기

연번 및 읽기	앞 성분	주어 S	부가 성분	술어 동사 V	술어 경동사 BECOME	뒷 성분 EO/EC	출전
①21		ES	同	苦			동:25
		ES	同		樂	.	
②22	動i	ES	必三	省		EOi,	화:52 백씨장경집
	言j	ES	必再	思		EOj.	

---

21   동고동락[同:함께, 苦:고생하다, 同:함께, 樂:즐기다]
22   동필삼성, 언필재사[動: 행동, 必:반드시, 三:셋, 省:살피다, 言:언행, 必:반드시, 再:둘, 思:생각하다]

2) 해석하기

① 함께 고생하고,

　함께 즐긴다.

② 행동에 대해서는 (ES가) 반드시 세 번 반성하고,

　말에 대해서는 (ES가) 반드시 두 번 생각한다.

3) 해설

- **술어(V-v)**: 술어는 [-의지]적인 변화결과를 나타낸다. 또, **[+심리] 혹은 [+인지] 변화**를 표시한다.
- **비명시적 주어(ES)**: 일반인을 표시하는 주어이므로 생략되었다. 그러나 주어는 명시(S) 적이든 비명시(ES)적이든 모두 **[-의지]의** 〈**경험자**〉로 해석된다.
- **앞 성분 '動i'와 '言j'**: 화제로 술어 뒤의 보이지 않는 목적어(EOi) 위치에서 문두로 이동하였다.

4) 심화 및 참고

- **②의 문형**: 목적어 위치가 비어있기는 하지만 앞의 화제를 이동시키면 목적어가 보이는 꼴이다. 따라서 SVO문형으로 처리해도 된다. 단, 술어가 [+심리]이므로, 주어를 〈행위자〉로 처리하는 것은 곤란하다.
- **백씨장경집(白氏長慶集)**: 중국 당나라 때 시인 백거이(白居易)가 저술한 책.

둘째, '왕래(往來)' 혹은 '발착(發着)' 술어인 경우

이들은 전형적인 **'비대격동사 술어'**이다.

1) 도식보기

연번 및 읽기	앞 성분	주어 S	부가 성분	술어 동사 V	술어 경동사 BECOME	뒷 성분	출전
①23		日			出		화:26
②24		ES	右		往		비:27,화:34
		ES	左		往	.	
③25		百			發		금:45,교:46
		百			中	.	
④26		苦			盡		금:50,동:54 대:127
		甘			來	.	
⑤27		病	從口		入	,	화:52 태평어람
		禍	從口		出	.	
⑥28	馬行處i	牛	亦		去	ECi.	동:55,교:72 열상방언
⑦29		言行	一		致	.	금:68
⑧30		精神	一		到	(何事不成)	교:175

---

23 일출[日:해, 出:나오다]

24 우왕좌왕[右:오른쪽, 往:가다, 左:왼쪽, 往:가다]

25 백발백중[百:백, 發:쏘다, 百:백, 中:맞히다]

26 고진감래[苦:고통, 盡:다라다, 甘:단 것, 來:오다]

27 병종구입, 화종구출[病:병, 從:-부터, 口:입, 入:들어오다, 禍:화, 從:-부터, 口:입, 出:나가다]

28 마행처우역거[馬:말, 行:가다, 處:곳, 牛:소, 亦:역시, 去:가다]

29 언행일치[言:말, 行:행동, 一:하나, 致:모이다]

30 정신일도(하사불성)[精神:정신, 一:하나, 到:도달하다, 何:무슨, 事:일, 不: 아니다, 成:이루어지다]

2) 해석하기

① 해가 뜨다.

② 좌로 가고, 우로 간다.

　　(정신이 없이 좌우로 왔다 갔다 함을 비유함)

③ 백번이 쏘아지면, 백번이 적중되다.

④ 쓴 것(/고생)이 끝나면, 단 것(행복)이 온다.

⑤ 병은 입으로부터 들어오나,

　　화는 입으로부터 나간다.

⑥ 말이 가는 곳(馬行處)은 소도 간다.

　　(남이 할 수 있는 일이면, 나도 할 수 있음을 비유함)

⑦ 말과 행동이 하나로 합치된다.

⑧ 정신이 한 곳으로 도달하면, (어떤 일이 이루지지 않겠는가?)

3) 해설

- **술어(V-v)**: 술어는 [-의지]적인 변화결과를 나타낸다. 또 '왕래발착(往來発着)'을 나타냄으로써 모종의 〈출발점〉이나 〈도착점〉의 의미를 함유한다.
- **주어(S)**: 주어는 명시(S)적이든 비명시(ES)적이든 모두 [-의지]의 변화 〈대상자〉이다.
- **⑥의 앞 성분 '馬行處'**: 장소명사 화제어. '말이 가는 곳/남이 할 수 있는 일'. ECi의 위치에서 이동하여 화제, 즉 진술대상으로 삼았다.

4) 심화 및 참고

- **비대격동사**: '오다/가다' 혹은 '출발하다/도착하다' 및 '죽다', '변하다' 등의 일회성 [+변화]를 나타내는 동사를 이른다. 이들은 뒤에 오는 보충어에게 목적격(objective)을 주지 못하는 속성이 있다. 결국 이 보충어들은 주어자리로 이동하여 주격(nominative)를 받는다. 이런 동사를 비대격동사(unaccusative)라고 한다. 보식보기에서 보듯 이런 동사로 구성된 술어는 모두 **변화결과 사건의미**로 해석된다.
- **열상방언(洌上方言)**: 조선 후기 학자 이덕무(李德懋, 1741-1793)가 편찬한 속담 모음집.

셋째, '완성' 혹은 '사망' 등 변화표시 술어인 경우

1) 도식보기

연번 및 읽기	앞 성분	주어 S	부가 성분	술어 동사 V	술어 경동사 BECOME	뒷 성분	출전
①31		虎			死	(留皮)	교:51
②32		ES	七		顚	(八起)	지:52
③33		烏			飛		교:51,금:51, 동:54,지:73
		梨			落	.	
④34		九			死		지:53
		一			生	.	
⑤35		陰地			轉	,	지:74 청정관전서
		陽地			變		
⑥36	(精神一到)	何事	不		成		교:175
⑦37		大器	晩		成	.	교:56,대:127
⑧38	有志者,	事	竟		成	也.	지:80,후한서

---

31 호사유피[虎:호랑이, 死:주다, 留:남기다, 皮:가죽]

32 칠전팔기[七:일곱, 顚:넘어지다, 八:여덟, 起:일어나다]

33 오비이락[烏:까마귀, 飛:날다, 梨:배, 落:떨어지다]

34 구사일생[九:아홉, 死:살다, (一: 하나, 生:살다)]

35 음지전, 양지변[陰:그늘, 地:땅, 轉:돌다, 陽:볕, 地:땅, 變:변하다]

36 (정신일도)하사불성(精神:정신, 一:하나, 到:도달하다), 何:무슨, 事:일, 不:아니다, 成:이루어지다]

37 대기만성[大:크다, 器:그릇, 晩:늦다, 成:이루어지다]

38 유지자, 사경성야[有:있다, 志:뜻/의지, 者:사람, 事:일/사업, 竟:마침내, 成:이루어지다, 也:진술 어기조사]

2) 해석하기

① 호랑이가 죽으면, (가죽을 남긴다).
② 일곱 번 넘어지더라도, (여덟 번 일어난다).
③ 까마귀가 날자, 배가 떨어진다.
④ 아홉이 죽고, 하나가 살게 되다.
⑤ 음지가 돌(아 양지가 되)고, 양지가 변하(여 음지가 되)다.
⑥ 정신이 한 곳으로 도달하면, (어떤 일이 이루지지 않겠는가).
⑦ 큰 그릇(/인물)은 늦게(/천천히) 이루어진다.

3) 해설

- **술어(V-v)**: 술어는 [-의지]적인 변화결과를 나타낸다.
- **주어(S)**: 주어는 명시(S)적이든 비명시(ES)적이든 모두 **[-의지]의 변화 〈대상자〉**이다.
- **기타**: ③의 '烏(까마귀)'는 동작을 행하는 자이기는 하지만 [+의지]의 〈행위자〉로 보기 어렵다. 즉, 모종의 일로 인해 날게 되는 〈대상자〉로 파악된다.

4) 심화 및 참고

- **①의 '留皮'**: '(호랑이는) 가죽이 남게 된다.' 이 부분은 역시 '변화결과(BECOME)' 사건의미이지만, 'SV' 문형이 아니라 'SVC' 문형이다. 한국어에서는 '(호랑이는) 가죽을 남긴다.'와 같이 활동 사건의미로 해석되므로 'SVO'로 보기 쉬우나, **결코 그렇지 않다**. 논리적으로 호랑이는 [+의지]적으로 가죽을 남기는 〈행위자〉가 될 수 없기 때문이다. '호랑이가 죽고 가죽이 남는' 상황에서 호랑이는 다만 변화의 〈대상자〉이며, 가죽은 호랑이의 육신이 변한 결과물이다.
- **청장관전서(靑莊館全書)**: 조선후기 학자 이덕무(李德懋)의 문집.
- **후한서(後漢書)**: 남조 송(宋)나라 범엽(范曄)이 지은 후한의 역사서. 이 책의 동이전(東夷傳)에는 부여·읍루·고구려·옥저·예·한(韓) 및 왜(倭)의 전(傳)이 있어서 『삼국지(三國志)』 위서(魏書) 동이전과 함께 한국 고대사 연구에 귀중한 자료로 평가된다.

| 공식 4 | '원인자 S가 V되게 하다' |

1) 도식보기

연번 및 읽기	앞 성분	주어 S	부가 성분	술 어(V-v-v) 동사 V	술 어(V-v-v) 경동사 C-B	뒷 성분	출전
①39		教學	相	長		.	지:31,금:74
②40	苟	ES	日	新		,	금:75, 지:96 대학
		ES	日日	新		,	
		ES	又日	新		!	

---

39 교학상장[教:가르침, 學:배움, 相:서로, **長:자라게 되게 하다**]

40 구일신, 일일신, 우일신[苟:진실로, 日:날, **新:새롭게 되게 하다**, 日:날, 日:날, **新:새롭게 되게 하다**, 又:또, 日: 날, **新:새롭게 되게 하다**]

2) 해석하기

① 가르치는 것과 배우는 것이 서로 자라게 하다.

② 진실로 (당신어) 날로 (스스로를) 새로워지려 한다면,

　(당신은) 나날이 (스스로를) 새로워지게 하고,

　(당신은) 또 날마다 (스스로를) 새로워지게 하라.

3) 해설

- **술어(V-v-v):** 술어는 '원인-변화결과'의 사건의미, 즉 **'사역'**의 의미를 나타낸다.
- **주어(S):** 주어는 명시(S)적이든 비명시(ES)적이든 모두 〈원인자〉이다. ①에서 '教'와 '學'은 서로가 서로에게 〈원인자〉와 〈대상자〉 역할을 한다. ②의 비명시적인 주어(ES)는 '일반주어 혹은 탕왕(고대중국의 성군)'을 지시한다.
- **기타:** 우리의 머릿속에서는 술어 '長/新'의 뒤에 **보이지 않는 사역의 〈대상자〉 혹은 〈경험자〉**가 있는 것으로 해석된다.

4) 심화 및 참고

- **사동의미의 술어(V-v-v):** 반드시 **'동사의미+원인+결과'**의 조합을 통해 **'사동'**의 사건 **의미**가 드러나도록 해석되어야 한다.
- **대학(大學):** 유학의 실천적 방법을 주 내용으로 하는 사서의 하나. ②의 이 글귀는 탕왕이 세숫대야에 새겨놓고 마음에 새긴 것이라 한다.

2. 'SVO' 문형

공식 5 '행위자 S가 O를 V하다'

1) 도식보기

연번 및 읽기	앞 성분	주어 S	부가 성분	술 어 동사 V	경동사 DO	목적어 O	뒷 성분	출전
①41		ES	牛耳	讀		經		화:46,교:51,금:51, 지:73,대:79
②42		狐		假		虎威		금:51
③43		ES	我田	引		水		교:56
④44		ES	以心	傳		心		교:61
⑤45		ES	結草	報		恩		교:61,지:64,금:57
⑥46		愚公		移		山		동:62,금:90
⑦47		ES		種		豆		교:72
		ES		得		豆		
⑧48	旣	ES		借		堂	,	지:74 청장관전서
	又	ES		借		房	.	

---

41 우이독경[牛:소, 耳:귀, 讀:읽다, 經:경문]
42 호가호위[狐:여우, 假:빌다, 虎:호랑이, 威:위세]
43 아전인수[我:나, 田:밭, 引:끌다, 水:물]
44 이심전심[以:-로써, 心:마음, 傳:전하다, 心:마음]
45 결초보은[結:묶다, 草:풀, 報:갚다, 恩:은혜]

2) 해석하기

① 쇠귀에 (대고) 경문을 읽다.

② 여우가 호랑이의 위세를 빌리다/가장하다.

③ 내 논에(만) 물을 끌어들이다.

④ 마음으로 마음을 전하다.

⑤ 풀을 묶어 은혜를 갚다.

⑥ 우공(愚公)이 산을 옮기다.

⑦ 콩을 심으면, 콩을 얻는다.

⑧ 이미 대청(堂)도 빌리고, 또 안방(房)도 빌리려 하다.

   (욕심이 많아 이것저것 다 빌리려 함을 비유)

3) 해설

- **술어(V-v)**: 술어는 [+의지]적인 활동을 나타낸다.

  ③의 '假'는 의미적으로 다양한 해석이 가능하나 모두 행위자 여우에 의한 의지적인 '활동(DO)' 사건의미이다.

- **목적어(O)**: 목적어는 [+의지]적인 활동의 〈대상자〉이다.

- **주어(S)**: 주어는 명시(S)적이든 비명시(ES)적이든 모두 [+의지]의 〈행위자〉이다.

4) 심화 및 참고

- **'결초보은'의 유래**

진나라 때 위무자(魏武子)가 생전에 아들 위과(魏顆)에게 유언하길, 내가 죽거든 서모를 새로 시집보내라 하였다. 그러나 임종하기 직전에 정신이 흐려지자 말을 바꾸어 서모를 자신과 함께 묻으라고 하였다. 그러나 아들은 아버지의 평소 유언대로 서모를 새로 시집보내주었다. 그 뒤 전쟁에서 위과가 두회(杜回)와 싸울 때에 서모 아버지의 혼이 두회의 앞길에 풀을 묶어 넘어뜨려 위과가 공을 세울 수 있도록 하였다. '풀을 묶는' 행위는 말이 걸려 넘어지게 하기 위한 것이다. 여기서 '結草報恩', 즉 '죽은 후에라도 은혜를 갚다.'라는 유명한 4자성어가 유래한다.

---

46 우공이산[愚公:우공, 移:옮기다, 山:산]

47 종두득두[種:심다, 豆:콩, 得:얻다, 豆:콩]

48 기차당, 우차방[旣:이미, 借:빌다, 堂:대청, 又:또, 借:빌다, 房:방]

술어가 비명시적인 'S+EV+O' 문형

'SVO' 문형에도 동사 술어가 생략된 경우가 있다. 이 경우에도 술어가 없는 것이 아니라 경제성의 원칙에 따라 발음되지 않았을 뿐이다. 다음 예를 보자.

1) 도식보기

연번 및 읽기	앞 성분	주어 S	부가 성분	술어 동사 V	경동사 DO	목적어 O	뒷 성분	출전
①49		ES	一石	EV		二鳥		비:24,화:34, 금:44
②50		ES	朝	EV		三		비:30,화:40,교:46, 금:57,대:67,지:116 장자
		ES	暮	EV		四		
③51		堂狗		EV		風月		교:51

---

49 일석이조[一:하나, 石:돌, 二:둘, 鳥:새]
50 조삼모사[朝:아침, 三:셋, 暮:저녁, 四:넷]
51 당구풍월[堂:서당, 狗:개, 風:바람, 月:달]

2) 해석하기

① 돌멩이 하나로 두 마리 새를 잡다.
② 아침에 세 개를 주고, 저녁에는 네 개를 주다.
③ 서당 개가 풍월을 읊다.

3) 해설

- **술어(V-v)**: 명시(V)적 이든 비명시(EV)적이든 모두 〈행위자〉 주어의 [+의지]적인 활동 사건의미를 나타낸다. '도식보기'에서 ①의 EV는 '得(획득하다/잡다)'류의 동사술어일 것이고, ②의 EV는 '給(주다)'류의 동사술어일 것이고, ③의 EV는 '吟(읊다)'류의 동사술 어일 것이다.
- **목적어(O)**: 목적어는 [+의지]적인 활동의 〈대상자〉이다.
- **주어(S)**: 명시(S)적이든 비명시(ES)적이든 모두 [+의지]의 〈행위자〉이다.
- ③의 주어 '堂狗': '서당 개'. 비유. [+의지]적인 〈행위자〉이다.

4) 심화 및 참고

- **조삼모사(朝三暮四)**: '간사한 꾀로 남을 속여 희롱함'을 비유한다. 생략된 술어를 상태 사건의미인 '-이다'로 해석해도 되나, **활동 사건의미인 '-주다'**만큼 뜻이 잘 들어오지는 않는다.
  한편, '조삼모사(朝三暮四)'가 좋을까 아니면 **'조사모삼(朝四暮三)'**이 좋을까? 원숭이들 은 후자를 택했다. 그런데 경제학적으로 당연히 후자가 좋다. 하루 전체로 치면 일곱 개이 지만 같은 일곱 개가 아니다. 하루 낮 동안 한 개에 의한 효용가치가 만들어지기 때문이 다. 장자가 이 이야기를 적은 의도가 무엇이든 간, '조사모삼'은 원숭이들만 좋아할 일이 아니라, 인간도 좋아한다. (본서 III의 1.4 해당 부분을 참고하라.)
- **장자(莊子)**: 중국 춘추전국시대 사상가 장주(莊周), 또 그가 지은 책 이름.

공식 6 '경험자 S가 O를 V하(게 되)다'

여러 차례 밝혔듯, '변화결과(BECOME)' 사건의미를 가지는 구조는 'SVO' 구조를 이루지 못한다. 그러나 **[+심리/인지]** 술어 동사의 경우는 예외이다. 다음 예를 보자.

1) 도식보기

연번 및 읽기	앞 성분	주어 S	부가 성분	술어 동사 V	술어 경동사 BECOME	목적어 O	뒷 성분	출전
①52		ES	三		省	吾身		교:46,동:62
②53		君子			喜	揚人善	,	화:52 청성잡기
		小人			喜	揚人不善	.	
③54	(易地)	ES			思	之		화:43,교:56,지:59, 비:61,대:132
④55		目	不		識	丁		금:51,교:72
⑤56		ES			知	過	(必改)	동:62
⑥57	(聞一)	ES			知	十		화:26,비:36,교:46, 지:53,금:45

---

52 삼성오신[三:셋, 省:반성하다, 吾:나, 身:몸]

53 군자희양인선, 소인희양인불선[君子:군자, 喜:기뻐하다, 揚:드러내다, 人:사람, 善:착하다, 小人:못난이, 喜:좋아하다, 揚:드러내다, 人:사람, 不:아니다, 善:착하다]

54 역지(사지)[易:바꾸다, 地:입장, (思:생각하다, 之:그것/상대방)]

55 목불식정[目:눈, 不:아니다. 識:알다, 丁:고무래]

56 지과필개[知:알다, 過:허물, 必:반드시, 改:고치다]

57 (문일)지십[(聞:듣다, 一:하나), 知:알다, 十:열]

2) 해석하기

① 내 몸을 세 번(/가지로) 반성하다.

② 군자는 남들이 착한 것을 드러내는 것을 좋아하고,

소인은 남들이 착하지 않은 것을 드러내는 것을 좋아한다.

③ (입장을 바꾸어) 그것을 생각한다.

④ 눈이 고무래(丁)를 알아보지 못하다.

(낫 놓고 기역자(ㄱ)도 모르다.)

⑤ 허물을 알면, (반드시 고친다).

⑥ (하나를 들으면,) 열 개를 알게 된다.

3) 해설

- **술어(V-v)**: 술어는 [+심리]/[+인지]의 술어이다. 이는 주어와 연계시켜볼 때, [-의지]적인 것이다.
- **목적어(O)**: 목적어는 [+심리]/[+인지]의 술어의 지배 〈대상자〉이다.
- **주어(S)**: 주어는 명시(S)적이든 비명시(ES)적이든 모두 [+심리]/[+인지]의 〈경험자〉이다. 이는 **[-의지]의 주어**이다.
- **앞 성분 ③의 '易地'와 ⑥의 '聞一'** : 역시 'SVO' 문형이기는 하지만, **사건의미**가 '활동(DO)'이므로, 이곳의 예에 해당하지 않는다. 이에 괄호 속에 표시한다(이하 동).

4) 심화 및 참고

- **[+심리]/[+인지] 술어의 목적어**: [+심리]/[+인지]의 술어의 지배 〈대상자〉이다. 그러나 술어의 특성으로 인해 주어가 의지를 개입시켜 좌지우지할 수 있는 〈대상자〉는 아니다. 이는 활동 사건의미의 지배 〈대상자〉와 다른 점이다.
- **청성잡기(青城雜記)**: 조선 후기 학자 성대중(成大中, 1732-1812)의 잡록집(雜錄集).

공식 7 '원인자 S가 O/s로 하여금 V되게 하다'

1) 도식보기

연번 및 읽기	앞 성분	주어 S	부가 성분	술어(V-v-v) 동사 V	경동사 C-B	목적어 O/s	뒷 성분	출전
①58		殺身			成	仁		지:59
②59		三人			成	虎		비:33,지:65
③60		多多			益	善		비:36,교:61, 지:65,금:57
④61		見物			生	心		교:56
⑤62		ES			走	馬	(看山)	동:60
⑥63		至誠			感	天		동:62
⑦64		欲修其身者	先		正	其心		화:66
⑧65		一魚			混	全川		대:77 순오지
⑨66		ES			汗	牛		교:83
		ES			充	棟		

---

58 (살신)성인[(殺:죽이다, 身:몸), 成:**이루어지게 하다**, 仁:인]
59 삼인성호[三:셋, 人:사람, 成:**되게 하다/만들어지게 한다**, 虎:호랑이]
60 다다익선[多:많다, 多:많다, 益:**더하게 하다**, 善:착하다]
61 (견물)생심[(見:보다, 物:실물), 生:**생기게 하다**, 心:마음]
62 주마간산[走:**달리게 하다**, 馬:말, 看:보다, 山:산]
63 지성감천[至:지극하다, 誠:정성, 感:**감동시키다**, 天:하늘]
64 욕수기신자, 선정기심[欲:하고자하다, 修:닦다, 其:그, 身:몸, 者:놈, 先:먼저, 正:**바르게 하다**, 其:그, 心.:마음]
65 일어혼전천[一:하나, 魚:물고기, 混:**흐려지게 하다**, 全:모두, 川:시내]
66 한우충동[汗:**땀이 나게 하다**, 牛:소, 充:**채워지게 하다**, 棟:대들보]

2) 해석하기

① 자신의 몸을 희생하는 것은 인이 이루어지게 하다.

② 세 사람은 호랑이가 만들어지게 한다. (거짓말도 여럿이 하면 곧이듣게 됨)

③ 많은 것이 좋은 것으로 하여금 더하게 한다. (많으면 많을수록 좋음)

④ 어떠한 실물을 보는 것은 가지고 싶은 마음이 생기게 한다.

⑤ (누군가가) 말을 달리게 하고 (산을 보다). (일을 대충대충 함)

⑥ 지극한 정성은 하늘도 감동시킨다.

⑦ 자기의 몸을 닦고자하는 사람은 먼저 자신의 마음이 바르게 해야 한다.

⑧ 한 마리의 물고기가 모든 내를 흐리게 만든다.

⑨ (책을 소 수레에 실은 것이) 소가 땀이 나게 하며, (책을 쌓아놓은 것이) 들보까지 차게 한다. (소유한 책이 많음을 비유함)

3) 해설

• **술어(V-v-v)**: 술어는 '사역'의 의미를 나타낸다.

• **목적어(O/s)**: 목적어는 사역의 〈대상자〉로서 목적어(O)이자, (후속하는) 술어의 **〈경험자〉 주어(s: 작게 쓴 이유는 본동사의 주어는 아니기 때문임)**이다. 예를 들어 '도식보기' ⑤의 '馬'를 보자. 이는 사역표시 술어 '走-v-v(달리게 하다)'의 목적어이자, 후속하는 술어 '看山'의 주어(s)이다. 이 절 주어는 앞의 전체 **주어가 시킴으로써 행하게 되는 대상**이므로 **'경험자'로 해석**된다.

• **주어(S)**: 주어는 명시(S)적이든 비명시(ES)적이든 모두 〈원인자〉이다. 이는 [의지] 유무와 필연적 관련은 없다. 다만 **어떤 일이 발생하여 결말을 맺게 하는 '원인'이나 '힘'**이 되면 그만이다. 즉, 사람이나 사물 모두 〈원인자〉 주어가 될 수 있다.

4) 심화 및 참고

• **사동의미의 술어(V-v-v)**: '동사의미+원인+결과'의 조합을 통해 반드시 **'사동'의 사건의미**가 드러나도록 해석되어야 한다.

• ④ **'見物生心'의 사건의미**: 물론 **'변화'** 사건의미로 해석해도 된다. 그러나 앞의 연동구조가 명사화하여 〈원인자〉로 해석하여 **'사역'**의 사건의미로 하는 것이 이 4자어의 뜻을 더 잘 나타낸다.

• **순오지(旬五志)**: 조선 후기 학자 홍만종(洪萬鍾)의 저서.

3. 'SVC' 문형

공식 8 '묘사 대상자 S는 C가(/와/에) V(하)다'

술어의 의미특징에 따라 **보어 부분의 해석**이 다양하다. 이를 다음과 같이 나누어 살펴보자.

첫째, '묘사 대상자 S는 C이(/아니)다'
이는 술어 동사가 **'판단'**을 표시하는 경우이다.

1) 도식보기

연번 및 읽기	앞 성분	주어 S	부가 성분	술어 동사 V	술어 경동사 BE	보어 C	뒷 성분	출전
①67		言善			非	難	,	지:92
		行善			爲	難		
②68		ES			莫	上		비:30
		ES			莫	下		
③69		四面		EV		楚歌	.	지:65
④70		吾鼻		EV		三尺	.	화:46, 동:50, 동:54, 교72, 지:73, 대:79
⑤71		成我者		EV		朋友	也.	화:52 서하집
⑥72	九萬	字		EV		雲路	,	대:105 곤륜집
		姓		EV		南氏	,	
		號		EV		藥泉	.	

2) 해석하기

① 말로 잘하기가 어려운 것이 아니고, 행동으로 잘하기가 어렵다.

② 위도 아니고 아래도 아니다.

③ 사면이 초나라 노래이다.

④ 내 코가 삼척(三尺)이다. (내 사정이 급하고 어려워서 남을 돌볼 여유가 없다.)

⑤ 나를 이루어주는 것은 친구이다.

⑥ 구만은 자가 운로이고(/운로라고 자하고), 성은 남씨이며(/남씨라고 성하며),
호는 약천이다(/약천이라고 호한다).

3) 해설

- **술어(V-v):** 술어는 [-의지]적인 상태묘사 중 '**판단**'을 나타낸다.
- **보어(C):** 보어는 판단의 '결과'를 나타낸다.
- **주어(S):** 주어는 명시(S)적이든 비명시(ES)적이든 모두 [-의지]의 **묘사 〈대상자〉**, 즉 '판단'의 **대상자**이다.
- **⑤의 '成我者'의 술어성분 '成':** 단순히 '이루다'로 하면 해석이 부적절하거나 불가능하다. '사역' 사건의미로 해야 한다. 즉, '나를 이루어지게 하는 (사람)'으로 해야 한다.
- **⑥의 '字', '姓', '號':** '운로라고 자하고, 남씨라고 성하며, 약천이라고 호한다.'처럼, '字', '姓', '號'를 각각 동사로 처리할 수도 있겠다. 그러나 전자만 못하다.

4) 심화 및 참고

- **유별나게 많은 'EV':** 이 문형에서는 술어동사의 생략이 유별나게 많아 명사성 구가 술어로 쓰이는 것 같은 착시현상을 보인다. 이로 인해 현대중국어 문법에서는 소위 '**명사 술어문**'이라는 용어까지 생기게 되었다. 그러나 '명사 술어'라는 말은 본시 그 말 자체에 결정적인 모순이 있다. 문법의 ABC만 알더라도 '**명사가 술어가 된다**'는 말은 하고 싶지 않을 것이다. 따라서 **발음되지 않은 투명체 같은 술어 'EV'를 설정**하면, 우리 뇌는 부하를 받지 않고, 더 잘 이해하게 되며, 용어의 논리적 모순에 빠지지 않게 한다.
- **서하집(西河集):** 고려 후기 문인 임춘(林椿)의 문집.
- **곤륜집(昆侖集):** 조선 후기 문신 최창대(崔昌大)의 문집.

---

67 언선비난, 행선위난[言:말하다, 善:착한 것, 非:아니다, 難:어렵다, 行:행하다, 善:선하다, 爲:되다. 難:어렵다]

68 막상막하[莫上莫下]

69 사면초가[四:넷, 面:면/얼굴, 楚:초나라, 歌:노래]

70 오비삼척[吾:나, 鼻:코, 三:삼, 尺:척]

71 성아자붕우야[成:이루어지게 하다, 我:나, 者:놈, 朋友:친구, 也:-이다]

72 구만자운로, 성남씨, 호약천[九萬:구만, 字:자, 雲路:운로, 姓:성, 南氏:남씨, 號:호, 藥泉:약천]

둘째, '묘사 대상자 S는 C가 있(/없)다'

이는 술어동사가 **상태(BE) 사건의미**인 '소유'나 '존재'를 표시하는 경우이다.

1) 도식보기

연번 및 읽기	앞 성분	주어 S	부가 성분	술어 동사 V	술어 경동사 BE	보어 C	뒷 성분	출전
①73		鷄卵			有	骨		화:40, 교:51
②74		言中			有	骨		금:68
③75		開卷			有	益	.	교:82
④76		詩中			有	畵		교:123
		畵中			有	詩	.	
⑤77	(幼而不學,)	ES	老		無	所知	,	지:87 명심보감
	(春若不耕,)	ES	秋		無	所望		
⑥78		交友之道			莫	如信義		대:133 사자소학

---

73 계란유골[鷄卵:계란, 有:있다, 骨:뼈]

74 언중유골[言:말, 中:가운데, 有:있다, 骨:뼈]

75 개권유익[開:열다, 卷:책, 有:있다, 益:유익함]

76 시중유화, 화중유시[詩:시, 中: 속, 有:있다. 畵:그림, 畵:그림, 中:가운데, 有:있다. 詩:시]

77 (유이불학,) 노무소지, (춘약불경,) 추무소망[(幼:어리다, 而:역접 접속사, 不:아니다, 學:배우다,) 老:늙다, 無:없다. 所:-바, 知:알다, (春: 봄, 若:만약, 不:아니다, 耕:밭을 갈다.) 秋:가을, 無:없다, 所:-바, 望:바라다]

78 교우지도막여신의[交:사귀다, 友:친구, 之:-의, 道:도, 莫如:-만 못하다. 信義:신의]

2) 해석하기

① 계란 속에 뼈가 있다./계란이 곯아 있다.

　(/운수가 나쁜 사람은 모처럼 좋은 기회를 만나도 일이 잘 안됨을 비유함)

② 말 속에 뼈가 있다.

③ 책을 펴는 것은 이익이 있다.

④ 시 속에 그림이 있고,

　그림 속에 시가 있다.

⑤ (젊어서 배우지 않으면,) (당신이) 늙어서 아는 것이 없고,

　봄에 경작하지 않으면, (당신이) 가을에 바랄 것이 없다.

⑥ 친구를 사귀는 도리 중 믿음만한 것이 없다.

3) 해설

- **술어(V-v)**: 술어는 [-의지]적인 상태묘사 중 '**소유**'나 '**존재**'를 나타낸다.
- **보어(C)**: 보어는 '**소유**'나 '**존재**'의 〈**대상자**〉를 나타낸다.
- **주어(S)**: 주어는 명시(S)적이든 비명시(ES)적이든 모두 [-의지]의 **묘사** 〈**대상자**〉이다. 특히 '도식보기'의 예는 모두 모종의 '**장소**'이다. 마치 '존재문' 문형의 샘플을 보는 듯하다.
- **부가어 ⑤의 '老'와 '秋'**: 주어가 아니라 **시간 부사어**로 해석되어야 한다.

4) 심화 및 참고

- **'계란유골(鷄卵有骨)'의 유래**: 조선 초기 황희 정승은 집이 가난하였다. 임금이 이를 안타깝게 여겨, 어느 하루 동안 도성으로 들어오는 모든 물품을 황희 정승에게 보내도록 하였으나, 그날따라 비가 내려 도성으로 들어오는 물품이 없었다. 저녁에 계란 한 꾸러미가 겨우 들어와 저녁에 삶아놓고 보니 계란이 모두 곯아 있었다 한다.
- **사자소학(四字小學)**: 여러 경전의 내용을 알기 쉽게 편집한 한문 학습서.

셋째, '묘사 대상자 S는 C에 있(/없)다'

이는 술어동사가 **'존재'**를 표시하는 경우이다.

1) 도식보기

연번 및 읽기	앞 성분	주어 S	부가 성분	술어 동사 V	술어 경동사 BE	보어 C	뒷 성분	출전
①79		人之患			在	於立志不固		지:73 백헌집
②80		一生之計			在	於幼	,	비:55 명심보감
		一年之計			在	於春	.	

---

79 인지환재어입지부고[人:사람, 之:의, 患:근심, 在:있다, 於:-에, 立:세우다, 志:뜻, 不:아니다, 固:굳다]

80 일생지계재어유, 일년지계재어춘[一生:일생, 之:-의, 計:계획, 在:있다. 於:-에, 幼:어리다, 一年:일년, 之:-의, 計:계획, 在:있다, 於:-에, 春:봄]

2) 해석하기

① 사람의 근심은 뜻을 세운 것이 굳지 못한 데 있다.
② 일생의 계획은 어릴/젊을 때에 있고,
   일 년의 계획은 봄에 있다.

3) 해설

- **술어(V-v):** 술어는 [−의지]적인 상태묘사 중 **'존재'**를 나타낸다.
- **보어(C):** 보어는 존재의 〈장소〉나 〈시간〉을 나타낸다.
- **주어(S):** 주어는 명시(S)적이든 비명시(ES)적이든 모두 [−의지]의 **묘사 〈대상자〉**이다.

4) 심화 및 참고

- **존재 표시구의 보어:** 이 구조 속의 보어는 '장소'나 '시간'을 표시한다. 마치 앞에서 살펴본 '소유' 표시구의 주어를 이 자리에 옮겨놓은 듯하다.
- **백헌집(白軒集):** 조선 중기 문신 이경석(李景奭)의 시문집.

넷째, '묘사 대상자 S는 C와(/과) 같(/지 않)다'

이는 술어동사가 **'동등'**을 표시하거나, 동등의 **'비유'**를 표시하는 경우이다.

1) 도식보기

연번 및 읽기	앞 성분	주어 S	부가 성분	술 어 동사 V	술 어 경동사 BE	보어 C	뒷 성분	출전
①81		百聞	不	如		一見	.	동:41,비:46, 교:82, 한서
②82		學者	須	如		上水	(,不進則退)	지:86 청강집
③83		明			若	觀火		지:88
④84		過			猶	不及		교:56, 동:70
⑤85		五十步		EV		百步	.	비:33,화:40, 교:61,지:65, 금:57,대:67

---

81 백문불여일견[百:일백 번, 聞:듣다, 不如:-만 못하다, 一:한 번, 見:보다]

82 학자수여상수, 부진즉퇴[學者:학자, 須:반드시, 如:같다, 上:윗, 水:물, 不:아니다, 進:나아가다, 則:즉, 退:물러나다]

83 명약관화[明:밝다, 若:같다, 觀:보다, 火:불]

84 과유불급[過:지나침, 猶:같다, 不:아니다, 及:도달하다]

85 오십보백보[五十:50, 步:발걸음, 百:100, 步:걸음]

2) 해석하기

① 백 번 듣는 것이 한 번 보는 것만 못하다.

② 배움은 모름지기 물을 거슬러 올라가는 것과 같아,

　(진보케 하지 않으면, 퇴보케 된다.)

③ 밝기가 불을 보는 것 같다.

④ 지나침은 미치지 못함과 같다.

⑤ 오십 걸음이나 백 걸음은 같다.

3) 해설

- **술어(V-v):** 명시(V)적이든 비명시(EV)적이든 모두 [-의지]적인 상태묘사 중, **'동등' 혹은 동등의 '비유'**를 나타낸다.

- **보어(C):** 보어는 동등 **'비교/비유'의 '결과'**이다. 전통문법에서는 '비교객체'라 한다.

- **주어(S):** 명시(S)적이든 비명시(ES)적이든 모두 [-의지]의 **묘사〈대상자〉**이다. 전통문법에서는 '비교주체'라 한다.

4) 심화 및 참고

- **보어 성분의 해석:** 이는 비교의 객체이므로 명사성분(DP)으로 해석해야 한다. 즉, ①의 '流'는 **'물의 흐름'**으로, ②의 '上水'는 **'물을 거슬러 올라감'**으로, ④의 '不及'은 **'미치지 못함'**으로 **명사화**하여 해석해야 한다.

- **한서(漢書):** 중국 후한(後漢) 때 반고(班固)가 지은 역사책. 중국 후한(後漢)시대의 역사가 반고(班固)가 지은 기전체(紀傳體)의 역사서. 전 120권. 『전한서(前漢書)』 또는 『서한서(西漢書)』라고도 한다. 『사기(史記)』와 더불어 중국 역사학의 대표적인 정사(正史)이다.

- **청강집(淸江集):** 조선 중기 문신 이제신(李濟臣)의 문집.

공식 9 '변화 대상자 S가 C로(/에게/까지/로부터) V되다'

이 해석공식은 보어 성분의 의미특징에 따라 다음과 같이 구분해볼 수 있다.

첫째, '변화 대상자 S가 C로 되(/지 않)다'
여기서 **보어**는 주어가 변화하여 도달하는 〈귀착점(goal)〉이다.

1) 도식보기

연번 및 읽기	앞 성분	주어 S	부가 성분	술어 동사 V	술어 경동사 BECOME	보어 C	뒷 성분	출전
①86		獨木	不	成		林		동:34
②87	虎i死	ESi		留		皮		교:51
③88		事	必	歸		正		동:70
④89		無足之言		飛		于千里		교:72
⑤90		三歲之習			至	于八十		화:46,대:83 여유당전서 이담속찬
⑥91		十		中		八九		비:24,금:44
⑦92		門前		成		市		비:30,대:61
⑧93		雪上		加		霜		화:34

86 독목불성림[獨:홀로, 木:나무, 不:아니다, 成:이루다, 林:숲]
87 호사유피[虎:호랑이, 死:죽다, 留:남기다, 皮:가죽]
88 사필귀정[事:일, 必:반드시, 歸:돌아가다, 正:바른 곳]
89 무족지언, 비어천리[無:없다, 足:발, 之:-은/는, 言:말, 飛:날다, 于:-에, 千里:천리]
90 삼세지습지우팔십[三歲:세 살, 之:-의, 習:습관, 至:이르다. 于八十: 팔십에]
91 십중팔구[十:열, 中:가운데, 八:여덟, 九:아홉]
92 문전성시[門:문, 前:앞, 成:이루다, 市:시장]
93 설상가상[雪:눈, 上:위, 加:더해지다, 霜:서리]

2) 해석하기

① 한 그루의 나무는 숲이 되지 못한다.

   (개인의 역량은 한계가 있어 큰일을 이루지 못함을 비유함.)

② (호랑이가 죽으면,) (호랑이는) 가죽을 남기게 된다.

③ 일은 반드시 바른 데로 돌아간다.

④ 발 없는 말이 천리까지 날아간다.

⑤ 세 살 때의 버릇이 여든까지 이른다(/간다).

⑥ 열 개 중에 여덟이나 아홉이 적중된다. (거의 대부분이거나 거의 틀림없음을 의미함.)

⑦ 문 앞이 시장이 되다.

⑧ 눈 위에 서리가 더해지다. (불행한 일이 잇달아 일어남을 비유함.)

3) 해설

- **술어(V-v)**: 술어는 [-의지]적인 **'변화'**를 나타낸다.
- **보어(C)**: 보어는 주어가 **변화한 결과점(goal)**을 나타낸다.
- **주어(S)**: 주어는 명시(S)적이든 비명시(ES)적이든 모두 [-의지]의 **변화〈대상자〉**이다. 특히 ⑥-⑧의 주어는 모종의 **'장소'**이다.
- **앞 성분 '虎i死'**: '호랑이가 죽게 되다.' 이는 'SV' 변화결과 사건의미구이다.

4) 심화 및 참고

- **비대격동사 술어가 목적어를 가지지 않는 이유는?**: '도식보기'에서 제시된 비대격동사 술어는 뒤의 명사성 구에게 목적격을 주지 못한다. 따라서 'SVC' 구조만을 이룰 뿐이다. 그 이유는 이 구조에서 변화〈대상자〉로 기능하는 주어가 원래 비대격동사 술어의 뒤 목적어 위치(목적어라는 말은 아님)에서 〈대상자〉로 있다가 (목적격을 받지 못함으로써 주어 자리로) 이동하여 생성된 것이기 때문이다. 이 〈대상자〉의 흔적 위에 다시 다른 목적어를 또 배열할 수는 없기 때문이다. 예) 三歲之習(Si)至(V)+[Ei]+于八十(C). 주어 '三歲之習(Si)'은 'Ei' 위치에서 주어 자리로 이동하였고, 그 'Ei'의 뒤에 보어(C) '于八十'을 병합하였다.
- **여유당전서(與猶堂全書)**: 조선 후기 학자 정약용(丁若鏞)의 문집.
- **이담속찬(耳談續纂)**: 조선 후기의 학자 정약용(丁若鏞)이 지은 속담집.

둘째, '변화 대상자 S가 C로부터 V하(/되)다'

여기서 **보어**는 주어가 변화를 시작하는 〈출발점(source)〉이다.

1) 도식보기

연번 및 읽기	앞 성분	주어 S	부가 성분	술어 동사 V	술어 경동사 BECOME	보어 C	뒷 성분	출전
①94				下		山	.	화:26
②95		千里之行			始	于足下		비:46 도덕경
③96	(至此,)	大小人員	皆	下		馬	,	대:99

---

94 하산[下:내려오다, 山:산]

95 천리지행, 시어족하[千:천, 里:리/길이 단위, 之:-의, 行:감, 始:시작하다, 于:-에서, 足下:발아래]

96 지차, (대소인원개하마)[至:이르다, 此:여기, (大:크고/높고, 小:작은/낮은, 人員:사람들, 皆:모두, 下:내리다, 馬:말)]

2) 해석하기

① (어떤 사람이) 산에서 내려오다.

② 천리 길도 발아래서 시작된다.

③ (이곳에 이르게 되면,)

　　지위가 높은 사람이거나 낮은 사람이거나 모두 말에서 내려야 된다.

3) 해설

- **술어(V-v):** 술어는 [-의지]적인 '**변화**'를 나타낸다.
- **보어(C):** 보어는 주어가 **변화를 시작하는 출발점**(source)을 나타낸다.
- **주어(S):** 주어는 명시(S)적이든 비명시(ES)적이든 모두 [-의지]의 **변화 〈대상자〉**이다.

4) 심화 및 참고

- **'下馬(말에서 내리다)' 해석:** 이 행위는 마치 〈행위자〉 주어에 의한 활동 사건의미 같아 보인다. 그러나 '下'는 [-진행], [-과정]의 1회성 동작동사이다. 따라서 상당 기간 동작을 유지할 수 있는 활동 사건으로 보기 어렵다. 그럼에도 불구하고, 이 사건의미가 변화결과가 아니라 활동 사건의미로 느껴지는 것은 아마도 한국어의 간섭현상 때문인 것 같다. 즉, '지금 **출발하는 중**이야!', '거의 **도착되어 가는 중**이야!', '지금 **내려오는 중**이야!' 등 전형적인 비대격동사를 사용한 말의 진행형이 성립하는 것 같기 때문이다.
- **도덕경(道德經):** 중국 춘추전국시대의 사상가 노자(老子)의 언행을 적은 책.

| 참고: 사용빈도가 높은 술어동사 '爲' |

한문·고대중국어에서 **'변화' 사건의미**를 표시하는 **'爲'**의 사용빈도는 매우 높다. 이 동사의 쓰임새를 알아보자.

1) 도식보기

연번 및 읽기	앞 성분	주어 S	부가 성분	술어 동사 V	술어 경동사 BECOME	보어 C	뒷 성분	출전
①97	(修其善則)	ES			爲	善人	,	지:88 법언
	(修其惡則)	ES			爲	惡人		
②98	衣	ES	以新		爲	好	,	화:46 순오지
	人	ES	以舊		爲	好	.	

97　수기선즉위선인, 수기악즉위악인[修:닦다, 其:기, 善:착함, 則:접속사, 爲:되다, 善人:착한 사람, 修:닦다, 其:그, 惡:악함, 則:접속사, 爲:되다, 惡人:악인]

98　의이신위호, 인이구위호[衣:옷, 以:-로써, 新:새, 爲:되다, 好:좋다, 人:사람, 以:-써, 舊:옛, 爲:되다, 好:좋은 것]

2) 해석하기

① (그가 자신의 선한 성품을 닦으면,)

　　(**그는**) 착한 사람이 되고,

　　(그가 자신의 악한 성품을 닦으면,)

　　(**그는**) 악한 사람이 된다.

② 옷은 (**그들이**) 새 것을 좋은 것으로 여기고,

　　사람은 (**그들이**) 오래된 것을 좋은 것으로 여긴다.

3) 해설

● **술어(V-v)**: 술어는 [-의지]적인 '**변화**' 혹은 '**사유(思惟)**'를 나타낸다. '도식보기'의 ①은 전자로 하여 '**-이 되다**'로, ②는 후자로 하여 '**-라고 여기다**'로 해석된다.

● **보어(C)**: 보어는 모종의 변화 〈대상자〉가 변화한 '**귀착점**'이다.

● **주어(S)**: 주어는 명시(S)적이든 비명시(ES)적이든 모두 [-의지]의 변화 〈**대상자**〉 혹은 〈**경험자**〉이다.

4) 심화 및 참고

● **보어 성분의 해석**: 보어는 주어가 변화하여 도달하는 귀착점이므로 **명사화시켜 해석**해야 한다. 예를 들어 ②의 '*好*'는 '**좋은 것**'으로 해석해야 한다.

● **법언(法言)**: 중국 전한 말기에 양웅(揚雄)이 지은 문집.

4. 'SVOC/SVCO' 문형

공식 10 '행위자 S가 O를 C로써(/라고/에서/에게) V하다'

1) 도식보기

연번 및 일기	앞 성분	주어 S	부가 성분	술 어 V-v[DO]	목적어 O	보어 C	뒷 성분	출전
①99		ES		交	友	以信		지:58
②100	而	ES	無	聽	之	以耳	,	금:69 장자
		ES		聽	之	以心	.	
③101	是日	ES		謂	之	秋夕	.	동:175
④102	青	ES		取	之	於藍		동:84,86 순자
⑤103		高麗		得	之	於新羅	,	화:106,금:147, 비:162,지:199, 묵오유고
		我朝		得	之	於高麗	.	
⑥104	其餘	ESi	盡	輸	之	官	.	동:145,금:159, 번암집

---

99 교우이심[交:사귀다, 友:친구, 以:-써(방식표시 전치사), 心:마음]

100 무청지이이, 이청지이심[無:-마라, 聽:듣다, 之:그것, 以:-써(도구나 방식표시 전치사), 耳:귀, 而:접속사, 聽:듣다, 之:그것, 以:-써(도구나 방식표시 전치사), 心:마음]

101 시일위지추석[是:이, 日:날, 謂:이르다, 之:그것, 秋夕:추석]

102 청취지어람[青:청색, 取:얻다, 之:-의, 於:-에서(근원표시 전치사), 藍:쪽]

103 고려득지어신라, 아조득지어고려[高麗:고려, 得:얻다, 之:그것을, 於:-에서(근원표시 전치사), 新羅:신라, 我朝:아조, 得:득하다, 之[-의], 於:-에서(근원표시 전치사), 高麗:고려]

104 기여진수지관[其:지시 대명사(그), 餘:나머지/남는 것, 盡:다, 輸:보내다, 之:그것(을), 官:관청(에)]

2) 해석하기

① 믿음으로 친구를 사귀다.

② (너는) 그것을 귀로써 듣지 말고, 그것을 마음으로써 들으라.

③ 이 날은 (사람들이) 그것을 '추석'이라고 말한다.

④ 청색은 (사람들이) 그것을 쪽 풀에서 얻는다.

⑤ 고려가 신라에서 그것을 얻었고, 우리 조정(조선)이 고려에서 그것을 얻었다

⑥ 그 나머지는 (그녀가) 다 그것을 관청에 보냈다.

3) 해설

- **술어(V-v)**: 술어는 [+의지]적인 **'활동'**을 나타낸다.
- **목적어(O)**: 목적어는 [+의지]적인 활동의 **지배 〈대상자〉**이다.
- **보어(C)**: [+의지]적인 활동의 **'도구나 방식(①,②)'**, 목적어의 **'귀착점(③,⑥)'**, 목적어의 **'출발점(④,⑤)'** 등을 나타낸다.
- **주어(S)**: 명시(S)적이든 비명시(ES)적이든 모두 **[+의지]**의 **〈행위자〉**이다. 특히 ⑤의 '高麗'나 '我朝(조선)'는 **국가(/기관)**이므로, 〈행위자〉로 기능할 수 있다.
- **①의 부가어 '無'**: '금지: -하지 마라'. 아처럼 화자의 심리적 태도를 나타내는 조동사적 기능을 보이는 단어들을 묶어서 **정태사(modals)**라고도 한다.
- **⑥의 부가어 '盡'**: 부사어. '모두, 다'.

4) 심화 및 참고

- **목적어 '之'**: 예문 가운데 ①을 제외한 모든 경우에 지시대명사 '之'를 가진다. 이것이 지시하는 내용은 ③, ④, ⑥ **등에서 보듯, 화제화하여 문두에 위치하는 내용**이던지, 혹은 문맥 가운데 그 내용을 찾을 수 있는 것이다.
- **순자(荀子)**: 중국 전국시대 사상가 순황(荀況, BC298-BC238) 또는 그가 지은 책이름. 그는 유물론적 경향의 유가(儒家)로, 맹자의 **성선설(性善說)**에 대하여 **성악설(性惡說)**을 주장하였다.
- **묵오유고(黙吾遺稿)**: 구한말의 문신 이명우(李明宇)의 문집.
- **번암집(樊巖集)**: 조선 후기 학자 채제공(蔡濟恭, 1720-1799)의 문집.

공식 11   '원인자 S는 O를(/가/로 하여금) C에(/로/따라) V되게 하다'

1) 도식보기

연번 및 읽기	앞 성분	주어 S	부가 성분	술어(V-v-v) V-v[C-B]	목적어 O/s	보어 C	뒷 성분	출전
①105		智者		成	之	於順時	,	동:71 계원필경집
		愚者		敗	之	於逆理	.	
②106	故	ESi		移	陣	于右水營前洋	.	금:181 이충무공전서
③107		ESj	終不能	復	EOk	入石	矣.	화:132, 교:174 사기

---

105 지자성지어순시, (우자패지어역리)[智者:지혜로운 사람, **成:이루어지게 하다**, 之:-의, 於:-에, 順:따르다, 時:때, (愚者:어리석은 사람, **敗:패망하게 하다**, 之:-의, 於:-에, 逆:거스르다, 理:이치)]

106 고이진어우수영전양[故:그러므로, **移:이동시키다**, 陣:진, 于:-에/으로, 右水營:우수영, 前洋:앞바다]

107 종불능복입석의[從:마침내, 不:아니다, 能:능하다, **復:반복되게 하다**, 入:들어가다, 石:돌/바위, 矣:어기조사]

2) 해석하기

① 지혜로운 사람은 때를 따르는데서 그것을 성공케 하나,

어리석은 자는 이치를 거스르는데서 그것을 망하게 만든다.

② 그래서 (이순신은) 진을 우수영 앞바다로 이동시켰다.

(Ⅳ장의 [필사즉생]을 참고하라)

③ (그는) 끝내 (화살로 하여금) 바위를 꿰뚫는 것이 반복되게 할 수 없었다.

3) 해설

- **술어(V-v-v)**: '사역'의 사건의미를 나타낸다.
- **목적어(O/s)**: 사역의 〈대상자〉로서 목적어(O)이자, (후속하는) 술어의 〈경험자〉 주어(s: **작게 쓴 이유는 본동사의 주어는 아니기 때문임**)이다.
- **보어(C)**: 목적어 성분의 변화가 발생하는 '**원점(-에서/AT)**'인 경우(①), 목적어 성분의 변화 '**귀착점(TO)**'을 나타내는 경우(②,③)가 있다.
- **주어(S)**: 주어는 명시(S)적이든 비명시(ES)적이든 모두 사역 사건 발생의 〈원인자〉이다.

4) 심화 및 참고

- **사동의미의 술어(V-v-v)**: '**동사의미+원인+결과**'의 조합을 통해 반드시 '**사동**'의 사건 **의미**가 드러나도록 해석되어야 한다.
- **계원필경집(桂苑筆耕集)**: 신라 최치원의 시문집. 최치원이 지은 1만여 수의 시문 중 빼어난 것만 모아 엮은 것이다. 신라에 귀국한 후 886년 헌강왕께 올렸다. 문집의 형태로 전해지는 신라 유일의 자료이다.
- **사기(史記)**: 중국 전한 때의 사마천(司馬遷)이 지은 역사서.

명작번역 속 해석공식의 운용

이제 한문으로 쓰여진 명작명구에 대해 해석공식을 운용해보자. 이는 작품 위주의 비교적 긴 내용에 대한 독해이다. 따라서 기술방식에 다음과 같은 약간의 변화가 있다.

1) 원문읽기

여기서는 한문 원문 및 출전을 제시한다.

2) 도식보기

도식은 두 개 이상의 작품이 제시되는 경우는 원문자로 연속번호를 붙인다. 이후 문맥 상황 파악을 위해 '앞 성분(화제, 문장부사어 등 포함)', 주어(S), 부가성분(Adj), 술어(V-v), 목적어(O), 보어(C), '뒷 성분(어기조사, 접속사 및 문장부호 등 포함)' 순으로 구조성분을 표시하여 설명한다. 특히 술어는 그 사건의미에 따라 다음과 같이 표시한다.

Ⓐ-활동[DO]
Ⓑ-상태[BE]
Ⓒ-변화결과[BECOME]
Ⓓ-사역[CAUSE-BECOME]

3) 단어읽기

여기서 단어의 의미나 사이즈는 도식보기에서 분류된 결과에 근거한다. 따라서 해당 단어나 어구의 모든 뜻을 사전식으로 나열하지 않고, 본문에 어울리는 것을 취한다. 독자는 제시된 단어의 풀이를 따라 읽기만 해도 문장의 뜻을 대강 파악할 수 있을 것이다.

4) 해석하기

본서의 해석은 도식보기에서 정리된 바대로 진행된다. 결국 각 개별 문장의 해석은 Ⅰ장과 Ⅱ장에서 제시된 원칙에 근거한다.

5) 해설

해설은 문장 구조성분과 성분 간, 특히 술어와 목거어/보어의 관계, 술어와 주어의 관계를 중심으로, 그 관계성에 대해서 설명한다.

6) 심화 및 참고

여기서는 다소 난해하거나 좀 더 확장된 생각을 해본다. 나아가 창의적인 아이디어를 얻을 수 있는지 궁구해본다. 아울러 해당 원문의 출전과 관련된 서적이나 부차적인 내용 등을 제시한다.

1. 경서(經書)와 제자(諸子)서

1.1. 인간의 본성

| 성선설 / 성악설 / 성무선악설 |

1) [성선설 / 성악설 / 성무선악설] 원문읽기

① **人性之善也猶水之就下也.** 인성지선야유수지취하야. 비:184, 맹자

② **人之性惡, 其善者僞也.** 인지성악, 기선자위야. 비:184, 순자

③ **人性之無分於善不善也, 猶水之無分於東西也.**

　　인성지무분어선부선야, 유수지무분어동서야. 비:184, 맹자

2) 도식보기

연번	앞성분	주어 (S)	부가성분	술어(V-v) ⒶDO/ⒷBE/ ⒸBECOME/ ⒹC-B/使	목적어 (O)	보어 (C)	뒷성분
①		人性之善也		Ⓑ猶		水之就下	也.
②		人之性i		Ⓑ惡			,
		其i善者		Ⓑ僞			也.
③		人性之無分於善不善也		Ⓑ猶		水之無分於東西	也.

3) 단어읽기

① [人:사람, 性:성품, 之:-이/가(주격조사), 善:착함, 也:어기조사, 猶:같다, 水:물, 之:-이/가(주격조사), 就:나가다(동사), 下:아래, 也:어기조사]

② [人:사람, 之:-의(관형어표시 조사), 性:본성, 惡:악하다, 其:그(것), 善:착하다, 者:-것, 僞:거짓, 也:진술 어기조사(-이다)]

③ [人:사람, 性:성정, 之:-이/가(주격조사), 無:없다(동사), 分:나뉘다, 於:-에/로(귀착점 표시 전치사), 善:착하다, 不善:착하지 않다, 也:어기조사, 猶:같다, 水:물, 之:-이/가(주격조사), 無:없다(동사), 分:나뉘다, 於:-에/로(귀착점 표시 전치사), 東:동쪽, 西:서쪽, 也:어기조사]

4) 해석하기

① 인간의 본성이 선하다는 것은 물이 아래로 흐르는 것과 같다.
② 인간의 본성은 악하니, 그 것이 선하다는 것은 거짓이다.
③ 사람의 본성이 선불선이 가려짐이 없음은 물이 동과 서로 가려지지 않음과 같다.

5) 해설

- ①의 주어 '人性之善也(인간의 본성이 착하다는 것)': 절(clause) 주어이며, 상태 사건 의미를 나타내는 술어 '猶'의 묘사 〈대상자〉이다.
- ①의 보어 '水之就下也(물이 아래로 흐르는 것)': 술어동사 '猶(같다)'의 절 **보어**이다. 여기서의 동사는 '就'.
- ②의 주어 '人之性(인간의 본성)i': 이 '之'는 조사로, 앞 말이 뒷말의 관형어임을 표시한다.
- ②의 주어 '其i善者': 절(주어. [[주어(其)+술어(善)]+중심어(者)]의 계층적 구조이다.
- ②의 대명사 '其(그, 그것)': '善'의 주어로 기능하며, '人之性'을 가리킨다.
- ③의 주어 '人性之s無v分於善不善c也(사람의 본성이 선불선이 가려짐이 없음은)': 절(clause) 주어이다. 해당 **술어가 상태 사건의미를** 표시하는 '猶(같다)'이므로, 이 **주어는 묘사 〈대상자〉이다.**
- ③의 보어 '水之c無v分於東西c也(물이 동과 서로 가려지지 않음)': 술어동사 '猶(같다)'의 절 **보어**이다.
- ③의 앞의 '也': '-은'. 주격조사이다.
- ③의 두 번째 '也': '-이다'. 문장의 **'종결'표시 진술 어기조사**이다. 이는 **보어가 완전한 문장** 형식임을 말해준다.

6) 심화 및 참고

- ③의 절 주어부와 절 보어부: '之(주격조사, -이)'의 뒤에 오는 두 '無'가 술어이다. 여기에 '分於善不善(선과 악으로 구분되는 것)'과 '分於東西(동서로 나뉘는 것)'이 각각 보어로 온다. 즉, 본동사 '猶(같다)'를 중심으로 앞에 절 주어와 뒤에 절 보어가 온 'SVC' 구조이다.
- **긴 주술구조(主述構造):** ①과 ③의 주어와 보어에서 보듯, 한문이나 고대중국어에서도 소위 '주어+술어'의 비교적 긴 구조가 주어, 목적어, 보어 등으로 사용된다. 이는 우리 뇌가 좀 더 자세한(/복잡한) 상황에 대해 인식하고 표현하기 위한 일종의 장치이다.

1.2. 배움에 대하여

| 마음 닦기 / 뜻 세우기 / 진보냐 후퇴냐 / 배움의 때 / 온고지신 / 교학상장 /
배우고 익히면 / 공부란 무엇인가? |

1) [마음 닦기 / 뜻 세우기 / 진보냐 후퇴냐] 원문읽기

① 欲修其身者先正其心. 욕수기신자선정기심. 동:63, 금:75, 대학

② 初學先須立志, 必以聖人自期. 초학선수입지, 필이성인자기. 지:81, 격몽요결

③ 學者須如上水, 不進則退. 학자수여상수, 부진즉퇴. 지:86, 청강집

2) 도식보기

연번	앞 성분	주어 (S)	부가 성분	술 어(V-v) ⒜DO/ⒷBE/ⒸBECOME/ⒹC-B/使	목적어 (O)	보어 (C)	뒷 성분
①		欲修其身者	先	Ⓓ正	其心		.
②		初學i	先須	Ⓓ立	志		,
		ESi	必以聖人自	Ⓐ期			
③		學者i	須	Ⓑ如		上水	,
		ESi	不	Ⓒ進			則
		ESi		Ⓒ退			.

3) 단어읽기

① [欲:-하려하다, 修:닦다, 其身:자기의 몸, 者:사람, 先:먼저, 正:바로잡다, 其心:자신의 마음]

② [(初:처음, 學:배움, 先:먼저, 須:반드시, 立:세우다, 志:뜻), 必:반드시, 以:-써, 聖人:성인, 自:스스로, 期:기약하다]

③ [(學:배움, 者:-것, 須:모름지기, 如:같다, 上:올라가다, 水:물), 不:아니다, 進:**나아가다**, (則:곧/순접 접속사, 退:**후퇴하다**)]

4) 해석하기

① 자신의 몸을 닦고자 하는 사람은 먼저 자신의 마음이 바르게 하라.

② **처음 배우는 사람은** 먼저 반드시 뜻을 세우고,

   (그는) 반드시 성인으로서 스스로 기약(/대)해야 한다.

③ 배움은 모름지기 물을 거슬러 올라가는 것과 같아,

   (배움이) 진보되어지지 않으면, (배움은) 후퇴하게 된다.

5) 해설

- ①의 술어 'Ⓓ正(바로잡다)': '**사역**' 사건의미를 나타낸다. 즉 '正(바르다)'은 주어가 〈대 **상자/경험자**〉인 '其心(자신의 마음)'으로 하여금 '바르게 되게 하다'는 의미이다. 주어 '欲修其身者'는 〈**원인자**〉 의미역이다. 이처럼 본래 목적어를 가지기 어려운 형용사적인 단어가 목적어를 가지면, 그 **사건의미**는 '**사역**'인 경우가 많다.
- ②의 술어 Ⓓ立: 이 문맥에서 **사역 사건의미**를 나타낸다. 따라서 주어 '初學'을 〈**원인자**〉 로 해석해야 좋다,
- ②**의 비명시적인 주어 'ESi'**: '初學i(처음 배우는 사람)'와 동일 지시된다. 해당 **술어가 활동 사건의미** 'Ⓐ期(기약하다)'이므로, 이 **주어는 의지적** 〈**행위자**〉로 해석된다.
- ③의 비명시적인 주어 ESi: 學者i(배움)과 동일 지시된다. 해당 **술어가 변화결과 사건의 미** 'Ⓒ進(나가게 되다)/Ⓒ退(물러나다)'이므로, 이 **주어는 변화** 〈**대상자**〉로 해석된다.
- ③'**學者**'의 '**者**': '사람, -것/곳'. 이외에 주격조사로서의 기능도 있다. 따라서 본문의 경 우 '배운다는 것' 혹은 '배움은'의 두 가지 해석이 가능하다.

6) 심화 및 참고

- 『**대학(大學)**』: 유교 경전, 사서의 하나. 중국에서 한대(漢代) 이래 **오경(五經: 시경(詩經), 서경(書經), 역경(易經), 예기(禮記), 춘추(春秋))**이 기본 경전으로 전해지다가 송대(宋代) 에 **주희(朱熹)**가 당시 번성하던 불교와 도교에 맞서는 새로운 유학인 **성리학(性理學)**의 체계 를 세우면서 『예기』에서 『중용』과 『대학』의 두 편을 독립시켜 **사서(四書: 논어(論語), 맹자 (孟子), 대학(大學), 중용(中庸))**의 체재를 확립하였다. 『**대학(大學)**』의 저자에 대해서는 여러 가지 설이 있는데, 전통적으로 공자의 손자인 **자사(子思)**가 지었다는 견해가 지배적이다.
- **청강집(清江集)**: 조선 중기 문신 이제신(李濟臣)의 문집.

1) [배움의 때 / 온고지신] 원문읽기

① **少年易老學難成, 一寸光陰不可輕.**

  소년이로학난성, 일촌광음불가경. 교:82, 주자

② **溫故知新, 可以爲師矣.**

  온고지신, 가이위사의. 동:84, 교:97, 논어

2) 도식보기

연번	앞 성분	주어 (S)	부가 성분	술어(V-v) ⒶDO/ⒷBE/ⒸBECOME/ⒹC-B/使	목적어 (O)	보어 (C)	뒷 성분
①		少年i	易	Ⓒ老			
		學		Ⓑ難		成	,
	一寸光陰j	ESi	不可	Ⓒ輕	EOj		
②		ES	溫故	Ⓒ知	新		,
		ES	可以	Ⓒ爲		師	矣.

3) 단어읽기

① [少年:젊은이, 易:쉽게, 老:늙다, 學:배움, 難:어렵다, 成:이루어짐, 一寸光陰:짧은 시간, 不:아니다, 可:가히, 輕:**가볍게 여기다**/가볍다]

② [溫:따뜻하게 하다/데우다/궁구하다/**추구하다**, 故:까닭/이치, 知:알다, 新:새것, 可以:할 수 있다, 爲:되다, 師:스승, 矣:진술 어기조사]

4) 해석하기

① 젊은이는 쉬이 늙고,

학문은 이루기가 어렵다.

짧은 시간(/젊을 때의 시간)에 대해, (젊은이는) **가벼이 여기지** 마라.

② (누군가가) 그 까닭을 궁구하여 새 것을 알게 되면,

(그는) 스승이 될 수 있다.

5) 해설

- ①의 **화제어 一寸光陰(손가락 한 마디의 시간/젊을 때)**: 지배 〈대상자〉 목적어가 문두로 전치되어, **진술의 대상자**로 해석된다.

- ①의 **비명시적인 주어 ESi**: 少年i(젊은이)와 동일 지시된다. 해당 **술어는 변화결과 사건의미** '©輕(가볍게 **여기다**)'이므로, 이 **주어는 인지변화**를 경험하는 〈경험자〉이다.

- ②의 **비명시적인 주어 ES**: 일반인 주어(너희/그들/누구 등등). 해당 **술어가 변화결과 사건의미** '©知(알게 되다)/©爲(되다)'이므로, 이 **주어는 변화의 〈경험자〉**로 해석된다.

- ②의 **술어 '知'**: [+심리], [+인지] 동사 술어는 일반적으로 **변화결과 사건의미**로 해석한다. 따라서 이 술어의 주어 ES는 〈경험자〉로 해석된다.

- ②의 **부가어 '溫故(그 이치를 궁구하다)'**: '溫V故O'는 술목구조이지만, 전체문장의 중심 술어 '知'의 앞에 위치함으로써, **'방식/수단'을 표시하는 부가어로 해석**된다. 여기서 **'故(까닭/이치)는 '古'자가 아님'**에 특히 주의하자. 해석할 때도 '옛것'으로 하고, 한자도 '古'로 쓰는 사람이 많다.

6) 심화 및 참고

- **논어(論語)**: 중국 춘추시대의 사상가 **공자(孔子, BC551-479)**와 그 제자들의 언행을 기록한 유교경전이다. 그 내용은 대부분 '공자의 말'이지만, 또한 '공자와 제자 사이의 대화', '공자와 당시 사람들과의 대화', '제자들의 말', '제자들 간의 대화' 등으로 구성되어 있다. 주로 **대화체**이므로 생략현상이 많다.

1) [교학상장] 원문읽기

學然後, 知不足, 教然後, 知困, 知不足然後, 能自反, 知困然後, 能自強.

학연후, 지부족, 교연후, 지곤, 지부족연후, 능자반, 지곤연후, 능자강.

동:85, 예기

2) 도식보기

앞 성분	주어 (S)	부가 성분	술 어(V-v) ⒜DO/ⒷBE/ ⒸBECOME/ ⒹC-B/使	목적어 (O)	보어 (C)	뒷 성분
	ES-1		⒜學	EOi		然後,
	ES-2		Ⓒ知	不足		
	ES-1		⒜教	EOj		然後,
	ES-2		Ⓒ知	困		.
	ES-2		Ⓒ知	不足		然後,
	ES-2	能自	Ⓒ反			
	ES-2		Ⓒ知	困		然後,
	ES-2	能自	Ⓒ強			.

3) 단어읽기

[學:배우다, 然後:그런 후, 知:알다, 不足:부족함, 教:가르치다, 然後:그런 후, 知:알다, 困:피곤함, 知:알다, 不足:부족함, 然後:그런 후, 能:-할 수 있다, 自:스스로, 反:반성하다, 知:알다, 困:피곤함, 然後:그런 후, 能:-할 수 있다, 自:스스로, 強:굳세다]

4) 해석하기

(누군가가) (무엇인가를) **배우고 나서야,**

(그는) **부족함을 알게 되고,**

(그가) (누군가를) **가르쳐보고 나서야,**

(그는) **피곤함을 알게 된다.**

(그가) **부족함을 알게 되고 나서야,**

(그는) **스스로 반성하게 되고,**

(그가) **피곤함을 알게 되고 나서야,**

(그는) **스스로 강하게 된다.**

5) 해설

- **비명시적인 두 주어 ES-1:** 일반인 주어(너희/그들/누구 등등)이므로 생략되었다. 해당 **술어가 활동 사건의미** 'Ⓐ學(배우다)/Ⓐ教(가르치다)'이므로, 이 **주어는 의지적 〈행위자〉**로 해석된다.

- **비명시적인 6개의 주어 ES-2:** 일반인 주어(너희/그들/누구 등등)이므로 생략되었다. 해당 **술어가 모두 변화결과 사건의미** 'ⓒ知×4(알게 되다)/ⓒ反(반성하게 되다)/ⓒ强(강하게 되다)'이므로, 이 **주어는 변화 〈대상자/경험자〉**로 해석된다.

- **술어 '知':** [+심리], [+인지] 동사 술어는 **변화결과 사건의미**로 해석되며, 〈**대상자**〉 목적어를 가지며, 〈**경험자**〉 주어와 병합한다.

- **목적어 '不足':** [+인지] 술어 '知'는 〈**대상자**〉 목적어를 가지므로, '不足'을 **명사화**하여 '부족함'으로 해석된다.

6) 심화 및 참고

- **예기(禮記):** 유학의 경전인 오경(五經)의 하나로 주로 '예(禮)'에 대해 기록하였다.

1) [공자왈: 배우고 때때로 익히면] 원문읽기

學而時習之, 不亦說乎? 有朋自遠訪來, 不亦樂乎? 人不知而不慍, 不亦君子乎?

학이시습지, 불역열호? 유붕자원방래, 불역낙호? 인부지이불온, 불역군자호?

지:159, 비:178,:186, 금:75, 논어

2) 도식보기

앞 성분	주어 (S)	부가 성분	술 어(V-v) ⒶDO/ⒷBE/ ⒸBECOME/ ⒹC-B/使	목적어 (O)	보어 (C)	뒷 성분
	ESi-1		Ⓐ學	(EO)		而
	ESi-1	時	Ⓐ習	之		,
	ESi-2	不亦	Ⓒ說			乎?
	ESi-3		Ⓑ有		朋自遠方來	,
	ESi-2	不亦	Ⓒ樂			乎?
	人	不	Ⓒ知	EOi		而
	ESi-2	不	Ⓒ慍			,
	ESi-3	不亦	ⒷEV		君子	乎?

3) 단어읽기

[學:배우다, 而:순접 접속사, 時:때때로/때에 맞게, 習:익히다, 之:그것, 不:아니다, 亦:또한, 說:기쁘다, 乎:의문 어기조사(-는가?) 有:있다, 朋:친구, 自:-부터, 遠:멀다, 訪:방문하다, 來: 오다, 不:아니다, 亦:또한, 樂:즐겁다, 乎:의문 어기조사(-는가?), 人:남들, 不:아니다, 知:알아 주다, 而:역접 접속사, 不:아니다, 慍:성내다, 不:아니다, 亦:또한, 君子:군자(멋진 사람), 乎:의 문 어기조사(-는가?)]

4) 해석하기

(사람이) 배우고 때때로 익히면,

또한 기쁘지 않겠는가?

친구가 멀리서부터 오면,

또한 즐겁지 않겠는가?

사람들이 (나를) 알아주지 않더라도 화를 내지 않으면,

또한 군자와 같지 않겠는가?

5) 해설

- **비명시적인 주어 'ESi-1'**: 일반주어(사람/너희/우리/그들 등등). 해당 **술어가 활동 사건 의미** 'Ⓐ學(배우다)/Ⓐ習(자습하다)'이므로, 이 **주어는 의지적 〈행위자〉**로 해석된다.
- **비명시적인 주어 'ESi-2'**: 일반주어(사람/너희/우리/그들 등등). 해당 **술어가 변화결과 사건의미** 'Ⓒ說(기쁘다)/Ⓒ樂(즐겁다)/Ⓒ知(알다)/Ⓒ慍(성내다)'이므로, 이 **주어는 심리 변화의 〈경험자〉**로 해석된다.
- **비명시적인 주어 'ESi-3'**: 일반주어(사람/너희/우리/그들 등등). 해당 **술어가 상태 사건 의미** 'Ⓑ有(있다/존재하다)/ⒷEV(-같다/이다)'이므로, 이 **주어는 묘사/비유/판단의 〈대상자〉**로 해석된다.
- **술어 'Ⓑ有'**: '朋自遠方來'를 보어로 취한다.
- **술어 'Ⓒ慍'**: [+심리] 동사술어의 지배 〈대상자〉 목적어는 바로 윗 절 '人不知EO(남들이 EO(/나)를 알아주지 않음)'를 보어로 취한다.
- **비명시적인 술어 'ⒷEV'**: '君子'를 보어로 취한다. **생략된 동사술어는 '동등/비유'를** 나타낼 수 있는 **'如/若/像'** 등이겠다.
- **비명시적인 목적어 'EOi'**: 'ESi(군자/자기 자신)'을 가리킨다.

6) 심화 및 참고

- **'有'에 대한 견해:** '有'를 비한정적 표시어인 **'어떤'**으로 보는 이도 있고, 보어성분의 일부분인 동사 '來'를 절의 **본동사**로 보는 설도 있다. **필자의 견해는 위와 같다.**
- **비명시적인 주어 'ESi-1~ESi-3'**: 본문에는 같은 지시대상의 주어(ESi)이지만 성격이 다른 세 종류의 주어가 출현한다. 이는 서로 다른 성격(/사건의미)의 술어와 결합함으로써 주어의 해석에 약간씩의 차이를 보이는 것이다.

1) [맹자왈: 공부란 무엇인가] 원문읽기

仁人心也, 義人路也. 舍其路而不由, 放其心而不知求, 哀哉. 人有鷄犬放, 則知求之, 有放心而不知求. 學問之道無他, 求其放心而已矣.

인인심야, 의인로야. 사기로이불유, 방기심이부지구, 애재. 인유계견방, 즉지구지, 유방심이부지구. 학문지도무타, 구기방심이이의. 교:191, 금:103, 비:187, 맹자

2) 도식보기

앞 성분	주어 (S)	부가 성분	술 어(V-v) ⒜DO/ⒷBE/ ⒸBECOME/ ⒹC-B/使	목적어 (O)	보어 (C)	뒷 성분
	仁		ⒷEV		人心	也
	義		ⒷEV		人路	也
	ESi		⒜舍	其路		而₁
	ESi	不	⒜由			.
	ESi		ⒸEV 放	其心		而₂
	ESi	不	ⒸEV 知	求		,
	ESj		Ⓑ哀			哉!
	人i		Ⓑ有		鷄犬放	則
	ESi		Ⓒ知	求之		.
	ESi		Ⓑ有		放心	而₃
	ESi	不	Ⓒ知	求		.
	學問之道k		Ⓑ無	他		.
	ESk		⒜求	其放心		而已矣.

3) 단어읽기

[仁:어짐, 人心:사람의 마음, 也:진술 어기조사(-이다), 義:올바름, 人路:사람의 길, 也:진술 어기조사(-이다), 舍:버리다, 其:그/자신, 路:길/진로, 而:순접 접속사, 不:않다, 由:따르다, 放:놓다/잃다, 其:그/자신, 心:마음, 而:순접 접속사, 不:아니다, 知:알다, 求:구하다/찾다, 哀哉:슬프다, 人:사람들, 有:있다, 鷄犬:닭과 개, 放:놓치다/잃어버리다, 則:순접 접속사, 知:알다, 求:구하다/찾다, 之:그것들, 有:있다, 放心:마음을 잃어버리다, 而:역접 접속사, 不:않다, 知:알다, 求:찾다/구하다, 學問:학문, 之:-의, 道:길/도, 無:없다, 他:다른 것, 求:찾다/구하다, 其:그, 放心:잃어버린 마음, 而已矣:복합 어기조사(-일 뿐이로다)]

4) 해석하기

인은 사람의 마음이요,

의는 사람의 길이다.

(**사람이**) 그 길을 버리고

따르지 않으며,

(사람이) 그 마음을 잃었으나

찾을 줄 모른다.

(**나는**) 슬프도다!

사람은 개나 닭이 놓아(/잃어)지면,

그것을 찾을 줄을 안다.

그러나 마음을 놓아버림이 있으나,

그것을 찾을 줄을 모른다.

학문의 길은 다른 것이 없고,

(**학문의 길은**) 그 놓친 마음을 찾는 것일 뿐이로다.

5) 해설

- **비명시적 주어 ESi**: '일반인 주어(사람/그들 등등)'를 표시한다. **술어가 활동(Ⓐ) 사건의미**인 경우, **주어는 〈행위자〉**로, **술어가 상태(Ⓑ) 사건의미**인 경우, 주어는 **묘사 〈대상자〉**로, **술어가 변화결과(Ⓒ) 사건의미**인 경우, 주어는 **변화/묘사 〈대상자/경험자〉**로 각각 해석된다.
- **비명시적 주어 ESj**: 말하는 이 '맹자'를 표시한다. 해당 **술어가 변화결과 사건의미 'Ⓒ哀(슬퍼지다)'**이므로, 이 **주어는 심리 변화의 〈경험자〉**로 해석된다.
- **비명시적 주어 ESk**: '學問之道k(학문의 길)'와 동일 지시한다. 해당 **술어가 활동 사건의미 'Ⓐ求(찾다/구하다)'**이므로, 이 **주어는 의지의 〈행위자〉**로 해석된다.
- **비명시적 두 술어 ⒷEV**: 모두 상태[BE]를 나타내는 '-이다'이다. 술어동사의 생략은 문미의 '也'와 밀접한 관계가 있다.
- **뒷 성분 '而'**: 접속사. '而$_1$'은 순접, '而$_{2-3}$'은 역접.
- **뒷 성분 '而已矣'**: 복합 어기조사. 화자의 축소 지향적 어투 '-일 뿐이로다.'

6) 심화 및 참고

- **보어 '鷄犬放'**: 이는 '鷄犬SⒸ放V'로 **변화결과** 사건의미로 해석된다. 즉 '放'이 자동사로 쓰이면, '닭과 개가 놓아지다/잃어버리다'이다. '放'을 앞에 위치시키면, 'Ⓐ放鷄犬O'가 되어 '닭과 개를 풀어놓다'의 **활동** 사건의미로 바뀐다. 본문의 '放其心(그 마음을 놓음)', '放心(마음을 놓음)', '其放心(그 마음 놓음)'의 차이에 유의하라.

1.3. 인간관계

| 효도 / 스승과 제자 / 예의가 아닌 것은 / 물처럼 / 서로 사랑하라 / 준법 / 승리의 비결 |

1) [효도] 원문읽기

樹欲靜而風不止, 子欲養而親不待.

수욕정이풍부지, 자욕양이친부대.
교:77, 금:81, 한시외전

2) 도식보기

앞 성분	주어 (S)	부가 성분	술 어(V-v) ⒶDO/ⒷBE/ ⒸBECOME/ ⒹC-B/使	목적어 (O)	보어 (C)	뒷 성분
	樹		Ⓒ欲		靜	而
	風	不	Ⓒ止			,
	子		Ⓒ欲		養	而
	親	不	Ⓒ待			.

3) 단어읽기

[樹:나무, 欲:-하려하다, 靜:잠잠하다/고요하다, 而:역접 접속사, 風:바람, 不:않다, 止:그치다, 子:자녀, 欲:-하려하다, 養:봉양하다, 而:역접 접속사, 親:부모, 不:않다, 待:기다리다]

4) 해석하기

　나무가 고요하고자 하나,
　바람이 그치지 않고,
　자식이 봉양하고자 하나,
　부모가 기다려지지 않네.

5) 해설

- **술어 '©待'**: 동일 구조인 상위의 '©止'처럼 변화결과 사건의미로 해석하는 것이 좋다. 따라서 여기서 주어 '親'은 변화의 〈대상자〉이다. 만약 '待'를 활동 사건의미로 해석하면, 주어는 의지의 〈행위자〉로 해석되어야 하므로, '부모가 의지적으로 자식의 효를 기다리지 않는다.'는 이상한 논리가 생긴다.

6) 심화 및 참고

- **한시외전(韓詩外傳)**: 중국 한(漢)나라 때 한영(韓嬰)이 시경(詩經)을 풀이하여 엮은 책.

1) [스승과 제자] 원문읽기

學必由師而明, 學之本在於尊師.

학필유사이명, 학지본재어존사.
지:86, 춘소집

2) 도식보기

앞 성분	주어 (S)	부가 성분	술 어(V-v) ⒶDO/ⒷBE/ ⒸBECOME/ ⒹC-B/使	목적어 (O)	보어 (C)	뒷 성분
	學i	必	Ⓒ由		師	而
	ESi		Ⓒ明			,
	學之本		Ⓑ在		於尊師	.

3) 단어읽기

[學:배움/학문, 必:반드시, 由:따르다/-로써, 師:스승, 而:순접 접속사, 明:밝아지다, 學:배움, 之:-의, 本:뿌리/근본, 在:있다, 於:-에, 尊:존경하다, 師:스승]

4) 해석하기

　학문은 반드시 스승으로부터 비롯되고,
　(학문은) 밝아지나니,
　학문의 뿌리는 스승을 존경함에 있다.

5) 해설

- **비명시적 주어 'ESi':** '學i(배움)'와 동일 지시된다. 해당 **술어가 변화결과 사건의미** 'ⓒ 明(밝아지다)'이므로, 이 **주어는 사건의 변화 〈대상자〉**로 해석된다.
- **술어 '由':** '由(비롯하다)' 동사로 전형적인 비대격 동사이다.
- **보어 於尊師:** 전치사 '於'가 동사성 보충어 '尊V師O'를 가졌으므로, 명사화시켜 해석해야 한다.

6) 심화 및 참고

- **춘소집(春沼集):** 조선 후기 문신 신최(申最)의 문집.

1) [공자: 예의가 아닌 것은] 원문읽기

非禮勿視, 非禮聽, 非禮勿言, 非禮勿動.

비례물시, 비례물청, 비례물언, 비례물동.
금:103, 논어

2) 도식보기

앞 성분	주어 (S)	부가 성분	술 어(V-v) ⒶDO/ⒷBE/ ⒸBECOME/ ⒹC-B/使	목적어 (O)	보어 (C)	뒷 성분
非禮j	ESi	勿	Ⓐ視	EOj		,
非禮j	ESi	勿	Ⓐ聽	EOj		,
非禮j	ESi	勿	Ⓐ言	EOj		,
非禮j	ESi	勿	Ⓐ動	EOj		.

3) 단어읽기

[非禮:예의가 아닌 것, 勿:-하지마라, 視:보다, 非禮:예의가 아닌 것, 勿:-하지마라, 聽:듣다, 非禮:예의가 아닌 것, 勿:-하지마라, 言:말하다, 非禮:예의가 아닌 것, 勿:-하지마라, 動:행동하다]

4) 해석하기

예의가 아닌 것은 (너희가) (그것을) 보지 말고,

예의가 아닌 것은 (너희가) (그것을) 듣지 말고,

예의가 아닌 것은 (너희가) (그것을) 말하지 말고,

예의가 아닌 것은 (너희가) (그것을) 행동하지 말라.

5) 해설

- **비명시적 네 주어 ESi**: '일반인 주어(사람/**너희**/그들 등등)'와 동일 지시한다. 해당 **술어가 활동 사건의미** 'Ⓐ視(보다)/Ⓐ聽(듣다)/Ⓐ言(말하다)/Ⓐ動(행동하다)'이므로, 이들 **주어는 의지의 〈행위자〉**로 해석된다.
- **'앞 성분' '非禮j'**: 모두 **목적어 EOj 자리**에서 문두로 이동된 **화제**이다.

6) 심화 및 참고

- **'非禮'**: 출현한 동사들이 모두 논항을 두 개 가지는 특징상, 이 '非禮'는 후속하는 술어동사의 **목적어가 문두로 이동하여 화제화된 것이 명백**하다. 따라서 '예의가 아닌 것'으로 해석해야 한다. 대다수 한국어 번역서에서처럼 '예의가 아니면'으로 해석하면 절(clause/phrase)로 만들기 때문에 명백한 오역이다.

1) [도가: 물처럼] 원문읽기

上善若水, 水善利萬物而不爭, 處衆人之所惡.

상선약수, 수선이만물이부쟁, 처중인지소오.
화:72, 지:170-171, 노자, 도덕경

2) 도식보기

앞 성분	주어 (S)	부가 성분	술 어(V-v) ⒶDO/ⒷBE/ ⒸBECOME/ ⒹC-B/使	목적어 (O)	보어 (C)	뒷 성분
	上善		Ⓑ若		水i	,
	水i	善	Ⓓ利	萬物		而
	ESi-1	不	Ⓐ爭			,
	ESi-2		Ⓒ處		衆人之所惡	.

3) 단어읽기

[上善:최고의 선, 若:같다, 水:물, 水:물, 善:잘하다, **利:이롭게 하다**, 萬物:만물, 而:역접 접속사, 不爭:다투지 않다, 處:위치하다, 衆人:무리들/사람들, 之:-이(주격조사), 所:-것(동사를 명사형으로 만드는 불완전 대명사), 惡:싫어하다]

4) 해석하기

최고의 선은 물과 같으니,

물은 만물을 잘 이롭게 하지만,

다투지 않고,

사람들이 싫어하는 곳에 위치(/처)한다.

5) 해설

- **비명시적인 주어 'ES_{i-1}'**: '水i(물)'과 동일 지시된다. 해당 **술어가 활동 사건의미** 'Ⓐ爭(다투다)'이므로, 이 **주어는 〈행위자〉**로 해석된다.
- **비명시적인 주어 'ES_{i-2}'**: '水i(물)'과 동일 지시된다. 해당 **술어가 변화결과 사건의미** 'Ⓒ處(처하게 된다)'이므로, 이 **주어는 변화 〈대상자〉**로 해석된다.
- **술어 'Ⓓ利'**: 〈원인자〉 주어 및 목적어이자 주어인 '萬物'과의 결합을 볼 때, **'사역' 사건의미**이다.
- **술어 'Ⓒ處'**: 변화 〈대상자〉 주어와 결합하는 술어는 '변화결과' 사건의미이다.
- **보어 '衆人之所惡'**: '많은 사람들이 싫어하는 곳'. '주어+之(이)+所(-바/것/**곳**)+술어' 구조이다.

6) 심화 및 참고

- '水善利萬物'의 '善': 동사구 '利萬物'을 당기어 그 동작이나 행위를 **'잘 한다**'는 의미를 준다. 따라서 거의 **조동사/정태사(modals)의 기능**을 하는 것으로 보인다.
- 노자(老子): 중국 춘추전국시대의 사상가, 또는 그의 언행을 적은 책. 도덕경(道德經)이라고 한다.

1) [묵가: 서로 사랑하라] 원문읽기

人與人相愛則不相賊.

인여인상애칙불상적.
화:72, 지:170–171, 묵자

2) 도식보기

앞 성분	주어 (S)	부가 성분	술 어(V-v) ⒶDO/ⒷBE/ ⒸBECOME/ ⒹC-B/使	목적어 (O)	보어 (C)	뒷 성분
	人與人i	相	Ⓒ愛			,則
	ESi	不相	Ⓐ賊			.

3) 단어읽기

[人:사람, 與:-와/과(명사와 명사를 연결), 人:사람, 相:서로, 愛:사랑하다, 則:순접 접속사(절과 절을 연결), 不:않다, 相:서로, 賊:도적질하다]

4) 해석하기

사람과 사람이 서로 사랑하게 되면,
(사람과 사람은) 서로 도적질하지 않는다.

5) 해설

- **주어 '人與人i(사람과 사람)'**: 해당 술어가 [+심리] 변화결과 사건의미 '©愛(사랑하다)'를 나타내므로, 이 **주어는 심리변화의 〈경험자〉**이다.
- **비명시적인 주어 'ESi'**: '人與人i(사람과 사람)'과 동일 지시된다. 해당 **술어는 활동 사건의미** 'Ⓐ賊(도적질하다/해치다)'이므로, 이 **주어는 〈행위자〉**이다.

6) 심화 및 참고

- **술어 '賊'**: '도적질하다'의 활동 사건의미의 술어로 해석되어야 한다.
- **묵자(墨子)**: 중국 춘추전국시대의 사상가, 또는 그의 언행을 적은 책.

1) [법가: 준법] 원문읽기

奉法者強則國強, 奉法者弱則國弱.

봉법자강칙국강, 봉법자약칙국약.
지:170-171, 한비자

2) 도식보기

앞 성분	주어 (S)	부가 성분	술 어(V-v) ⒶDO/ⒷBE/ ⒸBECOME/ ⒹC-B/使	목적어 (O)	보어 (C)	뒷 성분
	奉法者		Ⓑ強			則
	國		Ⓒ強			.
	奉法者		Ⓑ弱			則
	國		Ⓒ弱			.

3) 단어읽기

[奉法者:법을 받드는 사람/법을 집행하는 사람, 強:**강하다**, 則:순접 접속사, 國:그 나라, 強:**강해지다**, 奉法者:법을 받드는 사람/법을 집행하는 사람, 弱:**약하다**, 則:순접 접속사, 國:그 나라, 弱:**약해지다**]

4) 해석하기

  법을 받드는 것이 강하면,
  그 나라는 강해지고,
  법을 받드는 것이 약하면,
  그 나라는 약해진다.

5) 해설

- **술어 'Ⓑ强', 'Ⓒ强'**: 앞의 'Ⓑ强'은 상태 사건의미를 나타내므로, **주어는 묘사 〈대상자〉** 이다. 뒤의 'Ⓒ强'은 변화결과 사건의미를 나타내므로, **주어는 변화 〈대상자〉**이다. 두 절 간의 논리는 '조건-결과'이다.
- **술어 'Ⓑ弱', 'Ⓒ弱'**: 앞의 'Ⓑ弱'은 상태 사건의미를 나타내므로, **주어는 묘사 〈대상자〉** 이다. 뒤의 'Ⓒ弱'은 변화결과 사건의미를 나타내므로, **주어는 변화 〈대상자〉**이다. 두 절 간의 논리는 **'조건-결과'**이다.

6) 심화 및 참고

- **'奉法者'의 '奉'**: '법'을 '받들다/집행하다/지키다/…' 어떤 해석이 가장 적절할까?
- **한비자(韓非子)**: 중국 춘추전국시대의 사상가, 또는 그의 언행을 적은 책.

1) [병가: 승리의 비결] 원문읽기

知彼知己, 百戰不殆. 不知彼而知己, 一勝一負. 不知彼不知己, 每戰必敗.

지피지기, 백전불태. 부지피이지기, 일승일부. 부지피부지기, 매전필패.

동:93-94, 지:170-171, 손자

2) 도식보기

앞 성분	주어 (S)	부가 성분	술 어(V-v) ⒶDO/ⒷBE/ ⒸBECOME/ ⒹC-B/使	목적어 (O)	보어 (C)	뒷 성분
	ESi-1		Ⓒ知	彼		
	ESi-1		Ⓒ知	己		,
	ESi-2	百	Ⓐ戰			
	ESi-3	不	Ⓑ殆			.
	ESi-1	不	Ⓒ知	彼		,而
	ESi-1		Ⓒ知	己		,
	ESi-1	一	Ⓒ勝			
	ESi-1	一	Ⓒ負			
	ESi-1	不	Ⓒ知	彼		
	ESi-1	不	Ⓒ知	己		,
	ESi-2	每	Ⓐ戰			
	ESi-1	必	Ⓒ敗			.

3) 단어읽기

[知:알다, 彼:저쪽/상대방, 知:알다, 己:자기, 百:일백, 戰:싸우다, 不:아니다, 殆:위험하다, 不:아니다, 知:알다, 彼:저쪽/상대방, 而:순접 접속사, 知:알다, 己:자기, 一勝:한번 이기다, 一負:한번 지다, 不知:알다, 彼:저쪽, 不:아니다, 知:알다, 己:자기, 每:매번, 戰:싸우다, 必:반드시, 敗:패하게 되다]

4) 해석하기

(너희가) 상대방을 알고 나를 알면,

(너희가) 백번 싸워도 위험하지 않다.

(너희가) 상대방을 모르고 나를 알면,

(너희가) 한 번 이기고 한 번 진다.

(너희가) 상대방을 모르고 나도 모르면,

(너희가) 매번 싸워도 반드시 진다.

5) 해설

- **비명시적인 주어 'ESi-1'**: **'일반인 주어**(우리/너희/그들 등등)'이므로 생략된다. 해당 술어가 **변화결과 사건의미인 [+인지]**의 '©知(알다)' 및 **비대격동사**인 '©勝(이기다)/負(지다)/敗(패하다)' 등이므로, 이 **주어는 변화 〈경험자/대상자〉**이다.
- **비명시적인 주어 'ESi-2'**: **'일반인 주어**(우리/너희/그들 등등)'이므로 생략된다. 해당 술어가 **활동 사건의미인 '④戰(싸우다)'**이므로, 이 **주어는 의지의 〈행위자〉**이다.
- **비명시적인 주어 'ESi-3'**: **'일반인 주어**(우리/너희/그들 등등)'이므로 생략된다. 해당 술어가 **상태 사건의미인 'B殆(위험하다)'**이므로, 이 **주어는 묘사 〈대상자〉**이다.

6) 심화 및 참고

- **손자(孫子)**: 중국의 춘추전국시대의 사상가 손무(孫武), 또는 그의 병법을 적은 책 이름. 《손자》는 단순한 작전서가 아니라 국가경영의 요지, 승패의 기미, 인사의 성패 등의 내용을 다룬 책이다.

1.4. 삶의 태도와 지혜

| 백배의 노력 / 좋은 약 / 오십보백보 / 청어람 / 오른손과 왼손 / 조삼모사 / 호가호위 |

1) [백배의 노력] 원문읽기

人一能之, 己百之. 人十能之, 己千之.

인일능지, 기백지. 인십능지, 기천지.
동:63, 화:66, 금:91, 중용

2) 도식보기

앞 성분	주어 (S)	부가 성분	술 어(V-v) ⒶDO/ⒷBE/ ⒸBECOME/ ⒹC-B/使	목적어 (O)	보어 (C)	뒷 성분
	人	一	Ⓐ能	之		,
	己	百	ⒶEV	之		.
	人	十	Ⓐ能	之		,
	己	千	ⒶEV	之		.

3) 단어읽기

[人:남, 一:한 번(에), 能:하다, 之:그것, 己:자기/본인, 百:백 번(에), 之:그것. 人:남, 十:열 번(에), 能:하다, 之:그것, 己:자기/본인, 千:천 번(에), 之:그것]

4) 해석하기

남이 한 번에 그것을 능하게 하거든,
자기는 그것을 일백 번에 능하게 하고,
남이 열 번에 그것을 능하게 하거든,
자기는 그것을 일천 번에 능하게 하라.

5) 해설

- **술어 'Ⓐ能'**: 지배 〈대상자〉 및 〈행위자〉 주어와 병합을 볼 때, 이 술어는 **활동 사건의미 '(-을) 하다'**이다.
- **술어 두 'ⒶEV'**: 이 술어가 먼저 **지배 〈대상자〉 목적어**와 병합하고, 이어서 〈행위자〉 주어와 병합하는 것을 볼 때, 이 술어는 **활동 사건의미 'ⒶEV(능하게) 하다'**이다.
- **부가어 '一', '百', '十', '千'**: 비교적 구체적인 수 '一/十'를 나타내기도, 매우 추상적인 수 '百/千'를 나타내기도 한다. 구조상 '一'과 '十'이 **부가어**로 쓰였다면, **같은 조건 속의 '百'과 '千'도 부가어**로 작동한다.

6) 심화 및 참고

- **중용(中庸)**: 유교의 경전인 사서(四書)의 하나, 또는 그 사상. 극단 혹은 충돌하는 모든 결정(決定)에서 **중간의 도(道)를 택하는 것**을 말한다.

1) [공자: 좋은 약] 원문읽기

良藥苦於口, 而利於病, 忠言逆於耳, 而利於行.

양약고어구, 이이어병, 충언역어이, 이이어행.
동:71, 교:87, 금:69, 대:83, 공자가어

2) 도식보기

앞 성분	주어 (S)	부가 성분	술어(V-v) ⒶDO/ⒷBE/ⒸBECOME/ⒹC-B/使	목적어 (O)	보어 (C)	뒷 성분
	良藥i		Ⓑ苦		於口	而
	ESi		Ⓒ利		於病	,
	忠言j		Ⓑ逆		於耳	而
	ESj		Ⓒ利		於行	.

3) 단어읽기

[良藥:좋은 약, 苦:쓰다, 於:-에(대상자표시 전치사), 口:입, 而:역접 접속사, 利:이롭다, 於:-에(대상자표시 전치사), 病:병, 忠言:충성스런 말, 逆:거스르다, 於:-에(대상자표시 전치사), 耳:귀, 而:역접 접속사, 利:이롭다/유익하다, 於:-에(대상자표시 전치사), 行:행동/행위]

4) 해석하기

좋은 약은 입에 쓰나
병에 이익이 된다.
충성스런 말은 귀에 거슬리나
행동에는 이익이 된다.

5) 해설

- **비명시적인 주어 'ESi'**: '良藥i(좋은 약)'과 동일 지시된다. 해당 **술어가 변화결과 사건의 미** 'ⓒ利(이익이 되다)'이고, **'종결(/귀착)점' 표시 보어**와 병합하므로, 이 주어는 **변화 〈대상자〉**이다.

- **비명시적인 주어 'ESj'**: '忠言j(충성스런 말)'과 동일 지시된다. 해당 **술어가 변화결과 사건의미** 'ⓒ利(이익이 되다)'이고, **'종결(/귀착)점' 표시 보어**와 병합하므로, 이 주어는 **변화 〈대상자〉**이다.

- **뒷 성분 '而'**: 접속사, 여기서는 '역접'을 표시한다.

6) 심화 및 참고

- **공자가어(孔子家語)**: 공자(孔子)와 그의 제자들의 언행과 사적을 기록한 책. 편자·연대 가 확실치 않지만, 논어(論語)에 빠진 공자의 일화를 기록한 가치가 높다.

1) [맹자: 오십 보나 백 보나] 원문읽기

"以五十步笑百步則何如?" 曰: "不可. 直不百步耳, 是亦走也."

"이오십보소백보즉하여?" 왈: "불가. 직불백보이, 시역주야."
동:101, 맹자

2) 도식보기

앞 성분	주어 (S)	부가 성분	술 어(V-v) ⒶDO/ⒷBE/ ⒸBECOME/ ⒹC-B/使	목적어 (O)	보어 (C)	뒷 성분
"	ESi	以五十步	Ⓐ笑	百步		則
	ESj	何k	Ⓑ如		ECk	?"
	ESl		Ⓐ曰			:
"	ESj	不	Ⓑ可			.
	ESj	直不	ⒷEV		百步	耳,
	是j	亦	ⒷEV		走	也."

3) 단어읽기

[以:-써, 五十步:오십 걸음, 笑:비웃다, 百步:일백 걸음, 則:순접 접속사, 何:무엇, 如:같다, 曰:말하되, 不可:안됩니다, 直:다만, 不:아니다, 百步:일백 걸음, 耳:축소 어투 어기조사(-뿐이다), 是:이것, 亦:역시, 走:도망친 것, 也:진술 어기조사(-이다)]

4) 해석하기

(군주가 말하길)

"(어떤 사람이) 오십 보로써 백 보를 비웃으면,

(그것은) 무엇과 같겠습니까(/어떻겠습니까)?"

(맹자가) 말하길:

"(그것은) 옳지 않습니다.

(그것은) 다만 백 보가 아닐 뿐이지,

이것 역시 도망친 것입니다."

5) 해설

- **비명시적인 주어 'ESi'**: '일반인 주어(우리/너희/그들/**어떤 사람**)'을 가리킨다. 해당 **술어가 활동 사건의미 'Ⓐ笑'**(비웃다)이므로, 이 **주어는 의지적 〈행위자〉**로 해석된다.
- **비명시적인 세 군데의 주어 'ESj'**: 위의 내용 '**오십 보로 일 백보를 비웃는 것**'과 동일 지시된다. 또 마지막 절의 주어 '**是j(이것)**'과도 동일 지시된다. 해당 **술어가 상태 사건의미 'Ⓑ 可(가하다/옳다)나 ⒷEV(판단: 爲)'**를 나타내므로, 이들 **주어는 모두 묘사 〈대상자〉**이다.
- **비명시적인 주어 'ESl'**: 인용된 본문에는 표시되지는 않았지만, '**맹자**'를 가리킨다. 해당 **술어가 활동 사건의미 'Ⓐ曰(말하다)'**이므로, 이 **주어는 의지적 〈행위자〉**로 해석된다.
- **비명시적인 두 술어 'EV'**: 모두 **보어인 판단의 객체**와 병합하고, 이어서 **주어인 판단의 주체**와 병합하는 것으로 보아, 이들 **술어는 상태 사건의미**를 표시한다. 즉, '**이다'에 해당하는 동사**가 생략되었다.
- **'何k(무엇)'**: 술어 뒤의 **보충어 자리(ECk)**에서 부가어 자리로 이동한 것이다.
- **보어 '走'**: '동사성' 구가 보어로 기능함으로, 명사화하여 '**도망침**'으로 해석한다.
- **부가어 '直'**: 부사어. '다만'.
- **뒷 성분 '耳'**: 어기조사, 여기서는 '축소어투' '-뿐이다'.

6) 심화 및 참고

- **본질에 대한 이해**: 오십 보 도망친 사람이 일백 보 도망친 사람을 향해 매섭게 비웃는 것이, 오늘 우리의 사회현실이다. 너나할 것 없다. '**내로남불**(내가 하면 로맨스이고, 남이 하면 불륜)'이라는 말에서 자유로운 자가 누구일까? 맹자의 통찰이 시대를 초월한다.

1) [순자: 청어람] 원문읽기

青取之於藍, 而青於藍. 氷水爲之, 而寒於水.

청취지어람, 이청어람. 빙수위지, 이한어수.
동:84,86, 순자

2) 도식보기

앞 성분	주어 (S)	부가 성분	술 어(V-v) ⒶDO/ⒷBE/ ⒸBECOME/ ⒹC-B/使	목적어 (O)	보어 (C)	뒷 성분
青j	ESi		Ⓐ取	之j	於藍	,而
	ESj		Ⓑ青		於藍	.
氷k	水		Ⓒ爲		之k	,而
	ESk		Ⓑ寒		於水	.

3) 단어읽기

[青:푸른색, 取:취하다/얻다, 之:그것, 於:에서/으로부터(출발점/근원표시 전치사), 藍:쪽 풀, 而:역접 접속사, 青:푸르다, 於:-보다(비교표시 전치사), 藍:남색]

4) 해석하기

푸른색은 (우리가) 그것을 쪽풀에서 얻지만,

(푸른색은) 쪽 풀보다 더 푸르며,

얼음은 물이 그것이 되지만,

(얼음은) 물보다 더 차갑다.

5) 해설

- **비명시적인 주어 'ESi'**: 일반인 주어(**사람들**/우리/너희/그들 등등)를 표시하므로 생략 되었다. 해당 **술어가 활동 사건의미** 'Ⓐ取(취하다)'이므로, 이 **주어는 의지적 〈행위자〉** 이다.

- **비명시적인 주어 'ESj'**: '靑j(之j: 푸른색)'과 동일 지시되며, 해당 **술어가 상태 사건의미** 'Ⓑ靑(푸르다)'이므로, 이 **주어는 묘사 〈대상자〉**이다.

- **비명시적인 주어 'ESk'**: '氷k(之k: 얼음)'과 동일 지시되며, 해당 **술어가 상태 사건의미** 'Ⓑ寒(차갑다)'이므로, 이 **주어는 묘사 〈대상자〉**이다.

- **앞 성분 '靑j'**: 화제로 '之j'와 동일 지시된다. 이 문장의 **진술 대상**이다.

- **앞 성분 '氷k'**: 화제로 '之k'와 동일 지시된다. 이 문장의 **진술 대상**이다.

6) 심화 및 참고

- **사건구조의 비교**: '靑取之於藍'과 '氷水爲之'는 화제화 구조로 서로 비슷해 보이지만, 전자는 **'활동 사건의미'**를, 후자는 **'변화결과 사건의미'**를 각각 나타낸다.

1) [한비자: 오른손과 왼손] 원문읽기

右手畵圓, 左手畵方, 不能兩成.

우수화원, 좌수화방, 불능양성.
화:72, 금:91, 한비자

2) 도식보기

앞 성분	주어 (S)	부가 성분	술 어(V-v) ⒶDO/ⒷBE/ ⒸBECOME/ ⒹC-B/使	목적어 (O/s)	보어/술어 (C/v)	뒷 성분
ESi-1	右手		Ⓐ畵	圓		,
ESi-1	左手		Ⓐ畵	方		,
ESi-2	不		Ⓓ能	兩	成	.

3) 단어읽기

[右手:오른손, 畵:그리다, 圓:원, 左手:왼손, 畵:그리다, 方:내모, 不:부정부사, 能:**되게 하다**, 兩:두 가지, 成:이루어지다]

4) 해석하기

(어떤 사람이) 오른손으로(는) 원을 그리고,

(어떤 사람이) 왼손으로(는) 네모를 그리면,

(그 사람은) **두 가지가 이루어지게 할 수 없다**.

5) 해설

- **비명시적인 두 주어 'ESi-1'**: '일반 주어(우리/너희/그들 등등)'이므로 발음하지 않았다. 병합하는 **술어가 모두 활동 사건의미** 'Ⓐ畵(그리다)/Ⓐ畵(그리다)'이므로, 이 주어는 **〈행위자〉**이다.
- **비명시적인 주어 'ESi-2'**: '일반 주어(우리/너희/그들 등등)'이므로 발음하지 않았다. 병합하는 술어가 **사역 사건의미** 'Ⓓ能(이루어지게 하다)'이므로, 이 주어는 **〈원인자〉**이다.
- **'兩'**: **사역 사건의미** 'Ⓓ能(이루어지게 하다)'의 **〈대상자〉 목적어**이자, 후속하는 술어 '成(이루어지다)'의 **〈경험자〉 주어**이다. 현대중국어에서는 두 성분을 공유한다 하여 '겸어(兼語)'라고 한다.
- **부사어 '右手', '左手'**: 표현상 '오른/왼손이 -하다'로 해석되더라도, 손은 신체의 일부로서 **〈도구〉**일 뿐 [+의지]의 〈행위자〉가 되지 못한다. 우리가 따로 'ES'를 설정하는 이유이다.

6) 심화 및 참고

- **'兩成'의 구조**: '두 가지가 이루어지다'로 해석되는 **주술구조**이다.
- **한비자(韓非子)**: 전국시대의 사상가, 또는 그의 저서명. 그의 **법치 우선주의적 사상**은 이후 진(秦)나라 때 통치이념을 제공한 상앙(商鞅), 이사(李斯) 등에게 큰 영향을 끼쳤다.

1) [장자: 조삼모사] 원문읽기

曰: "朝三而暮四." 衆狙皆怒. 曰: "然則朝四而暮三." 衆狙皆說.

왈: "조삼이모사." 중저개노. 왈: "연즉조사이모삼." 중저개열.

동:101, 장자

2) 도식보기

앞 성분	주어 (S)	부가 성분	술 어(V-v) ⒶDO/ⒷBE/ⒸBECOME/ⒹC-B/使	목적어 (O)	보어 (C)	뒷 성분
	ESi		Ⓐ曰			: "
朝	ESi		ⒶEV	三		而
暮	ESi		ⒶEV	四		.
	衆狙j	皆	Ⓒ怒			."
	ESi		Ⓐ曰			: "
	ESj		Ⓑ然			則
朝	ESi		ⒶEV	四		而
暮	ESi		ⒶEV	三		."
	衆狙j	皆	Ⓒ說			.

3) 단어읽기

[曰:말하다, 朝:아침, 三:세 개, 而:순접 접속사, 暮:저녁, 四:네 개, 衆:여러, 狙:원숭이, 皆:다, 怒:화내다, 曰:말하다, 然則:순접 접속사(그러면), 朝:아침, 四:네 개, 而:순접 접속사, 暮:저녁, 三:세 개, 衆:여러, 狙:원숭이, 皆:모두, 說:기뻐하다]

4) 해석하기

말하되:

"아침에는 (내가) 세 개를 주고,

저녁에는 (내가) 네 개를 주겠다."

여러 원숭이들이 모두 화를 내었다.

말하되:

"(너희들이) 그렇다면,

아침에는 (내가) 네 개를 주고,

저녁에는 (내가) 세 개를 주겠다."

여러 원숭이들이 모두 기뻐했다.

5) 해설

- **비명시적인 주어 'ESi'**: 본문에는 표시되지 않았지만, '원숭이에게 먹이를 주는 사람'을 가리킨다. 이에 해당 **술어는 모두 활동 사건의미** 'Ⓐ曰(말하다)', 'ⒶEV(주다)'이므로, 이 **주어는** 〈행위자〉이다.
- **비명시적인 주어 'ESj'**: '衆狙j(여러 원숭이들/너희들)'과 동일 지시된다. 해당 **술어가 상태 사건의미** 'Ⓑ然(그렇다)'이므로, 이 주어는 **묘사** 〈대상자〉이다.
- **술어 'Ⓒ怒: 화내다', 'Ⓒ說(열): 기뻐하다'**: 술어가 [+심리]적 변화결과 사건의미를 나타내므로, 주어는 **[+심리]적 변화** 〈경험자〉이다.
- **비명시적인 술어 'EV'**: 이 술어가 지배 〈대상자〉 목적어와 〈행위자〉 주어를 가지는 것으로 보아 **활동 사건의미**를 나타내는 **술어 '주다(給)'**유로 해석된다.
- **뒷 성분 '而'**: 접속사, 여기서는 **'순접'**을 표시한다.

6) 심화 및 참고

- **장자(莊子)**: 중국 전국시대 도가(道家)의 사상가인 장자(莊子, BC365?-BC270?), 또 그가 저술한 책. 장자의 이름은 주(周). 송(宋)에서 태어나 맹자와 동시대에 노자를 계승한 것으로 알려져 있다. 전국시대 말기, 도가의 사상가들이 원본『장자』(莊子)를 편찬할 때, 이것을 장주(莊周)에게 가탁(假託)하여『장자』라 한 것으로 보인다.

1) [전국책: 호가호위] 원문읽기

虎求百獸而食之. 得狐. 狐曰: "子無敢食我也. 天帝使我長百獸, 今子食我, 是逆天帝命也. 子以我爲不信, 吾爲子先行, 子隨我後, 觀百獸之見我而敢不走乎?"

호구백수이식지. 득호. 호왈: "자무감식아야. 천제사아장백수, 금자식아,
시역천제명야. 자이아위불신, 오위자선행, 자수아후, 관백수지견아이감불주호?"
동:160-161, 전국책

2) 도식보기

앞 성분	주어 (S)	부가 성분	술 어(V-v) ⒶDO/ⒷBE/ ⒸBECOME/ ⒹC-B/使	목적어 (O)	보어 (C)	뒷 성분
	虎i		Ⓐ求	百獸		而
	ESi		Ⓐ食	之		.
	ESi		Ⓐ得	狐		.
	狐		Ⓐ曰			:
	子i	無敢	Ⓐ食	我		也.
	天帝		Ⓓ使	我長百獸		,
今	子i		Ⓐ食	我		,
是	ESi		Ⓐ逆	天帝命		也.
	子i	以我	Ⓒ爲		不信	,
	吾	爲子先	Ⓐ行			,
	子i		Ⓐ隨	我後	(我後)	,
	ESi		Ⓐ觀	百獸之見我而敢不走		乎?

3) 단어읽기

[虎:호랑이, 求:추구하다/얻다, 百獸:온갖 짐승, 而:순접 접속사, 食:먹다, 之:그것(들). 得:얻다/잡다, 狐:여우. 狐:여우, 曰:말하다, 子:그대/너, 無:-안 된다/-하지마라, 敢:감히, 食:먹다, 我:나(를), 也:진술 어기조사. 天帝:하느님, **使:사역 경동사(-하게 하다)**, 我:나(에게), **長:우두머리가 되다**, 百獸:온갖 짐승, 今:지금, 子:그대/너, 食:먹다, 我:나(를), 是:이것, 逆:거역하다, 天帝:하느님, 命:명령, 也:진술 어기조사. 子:그대/너, 以:-로써, 我:나, 爲:되다/여기다, 不信:믿지 않다, 吾:나, 爲:-을 위하다, 子:그대/너, 先:먼저, 行:가다, 子:그대/너, 隨:따르다, 我:나(의), 後:뒤, 觀:보다, 百獸:온갖 짐승, 之:주격조사(-이), 見:보다, 我:나, 而:순접 접속사, 敢:감히, 不:않다, 走:도망치다, 乎:의문 어기조사]

4) 해석하기

호랑이는 온갖 짐승을 잡아서
(호랑어는) 그것을 먹는데,
(어느 날 호랑어카) 여우를 잡았다.
여우가 말했다.
"그대는 감히 나를 먹을 수 없다.
천제가 나로 하여금 백수의 우두머리가 **되게 하셨으니,**
지금 그대가 나를 먹으면,
이는 (그대가) 천제의 명을 거역하는 것이다.
그대가 내말에 대해 못 믿겠다면,
내가 그대보다 먼저 가리니,
그대는 내 **뒤에서** 따르면서,
(크대는) '백수가 나를 보고서 감히 도망가지 않는지?' 보시오."

5) 해설

- **비명시적인 네 주어 'ESi'**: '虎i=子i(호랑이/그대)'와 동일 지시된다. 해당 **술어는 모두 활동 사건의미** 'Ⓐ食(먹다)/Ⓐ得(잡다, 획득하다)/Ⓐ逆(거스르다)/Ⓐ觀(보다)'이므로, 이들 **주어는 모두 의지적 〈행위자〉**로 해석된다.
- **술어 'Ⓓ使'**: 변화의 〈원인자〉 주어, 그리고 〈대상자〉 목적어와 〈경험자〉 주어 및 술어 (我長百獸: 내가 모든 짐승들의 우두머리가 되다)와의 결합을 볼 때, 이 술어는 **'사역' 사건의미**이다.
- **술어 'Ⓒ爲'**: [+심리]적 변화 〈경험자〉 주어 '子(그대/당신)' 및 보어 '不信(못 믿을 것)'과의 결합을 볼 때, 이 술어는 **변화결과 사건의미 '-라고 여기다'**로 해석된다.
- **목적어 '百獸之見我而敢不走(온갖 짐승들이 나를 보고 감히 도망치지 않는가를)'**: 두 개의 절, 즉 '주어i+술어+목적어+접속사(而)+esi+부사어+술어'의 구조가 **활동 사건의미**를 나타내는 술어 'Ⓐ觀'의 **지배 〈대상자〉** 목적어로 기능한다.
- **보어 '我後'**: 장소 보어 **'나의 뒤에서'**로 해석하는 것이 좋다.
- **뒷 성분 '而'**: 접속사, 여기서는 **'순접'**을 표시한다.

6) 심화 및 참고

- **'子無敢食我也' 속의 '無'**: '-하지 마라/해서는 안 된다'라는 명령이나 금지를 나타낸다. 이런 품사를 **정태사(modals)**라 한다. 그 기능이 마치 영어의 don't와 유사하다. 이런 기능을 **정태/양태(modality)** 기능이라 하며, 통사론 연구의 한 분야이다.
- **전국책(戰國策)**: 중국 한나라의 **유향(劉向, BC.?77-BC.?7)**이 전국시대(BC475-BC222)의 종횡가(縱橫家)들이 **제후를 위해 논한 책략(策略)을 나라별로 모아 엮은 책**. 수많은 제후국 전략가들의 정치, 군사, 외교 등 책략을 모아 집록한 자료이다. 『전국책』의 내용은 왕 중심 이야기가 아니라, 책사(策士), 모사(謀士), 세객(說客)들이 온갖 꾀를 다 부린 이야기가 중심이다.

MEMO

2. 역사서

2.1. 신념과 조화

| 유비무환 / 평강공주의 신념 / 이순신의 필사즉생 / 광해군이 보는 조화 |

1) [유비무환] 원문읽기

居安思危, 思則有備, 有備無患.

거안사위, 사즉유비, 유비무환. 동:94, 금:91, 춘추좌씨전

2) 도식보기

앞 성분	주어 (S)	부가 성분	술 어(V-v) ⒜DO/ⒷBE/ ©BECOME/ ⒟C-B/使	목적어 (O)	보어 (C)	뒷 성분
	ES-1		Ⓑ居		安	
	ES-2		©思	危		.
	ES-2		©思			則
	ES-2		©有		備	,
	ES-1		Ⓑ有		備	
	ES-2		©無		患	.

3) 단어읽기

[居:살다/거하다, 安:편안함/안락함, 思:생각하다, 危:위험함, 思:생각하다, 則:순접 접속사, 有:있다, 備:방비/준비, 有:있다, 備:방비/준비, 無:없다, 患:근심/걱정거리]

4) 해석하기

(너희가) 편안함에 거하면,

(너희는) 위험함을 생각하라.

(너희가) (위험함을) 생각하면,

(너희는) 방비가 있게 되고,

(너희가) 방비가 있으면,

(너희는) 근심이 없게 된다.

5) 해설

- **비명시적인 주어 'ES-₁'**: '일반인 주어(우리/너희/그들 등등)'를 가리킨다. **해당 술어는** 상태 사건의미 'Ⓑ居(살다/거하다)'와 'Ⓑ有(준비함이 있다)'이므로, 이 **주어는 묘사 〈대상자〉**이다.

- **비명시적인 주어 'ES-₂'**: '일반인 주어(우리/너희/그들 등등)'를 가리킨다. **해당 술어는** 변화결과 사건의미 'Ⓒ思(생각하다)/Ⓒ有(있게 되다)/Ⓒ無(없게 되다)'이므로, 이들 주어 는 모두 [+심리] 변화 **〈경험자〉** 혹은 변화 **〈대상자〉로 해석된다.**

- **술어 첫 번째의 'Ⓒ有(있게 되다)'**: 변화 **〈대상자〉 주어 'ES-₂'** 및 **귀착점 표시 보어 '備 (방비/대비)'**와의 병합을 볼 때, 이 술어는 **변화결과 사건의미로 해석되어야** 좋다.

- **술어 'Ⓒ無(없게 되다)'**: 변화 **〈대상자〉 주어 'ES-₂'** 및 **귀착점 표시 보어 '患(근심/걱 정)'**과의 병합을 볼 때, 이 술어는 **변화결과 사건의미로 해석되어야** 좋다.

- **목적어 '危'**: '동사성' 단어이므로, '위험함/위험할 때' 등 **명사화시켜 해석된다.**

6) 심화 및 참고

- **'동사성' 단어가 명사성으로 쓰일 때의 해석**: 적당한 해당 명사로 전환시키던지, 해당 동 사성 단어의 **명사형(한국어 예: -이/기/-ㅁ)**으로 전환하여야 한다.

- **춘추좌씨전(春秋左氏傳)**: 공자(孔子)가 편찬한 것으로 전해지는 **역사서인『춘추(春秋)』** 의 대표적인 **주석서** 중 하나로, 기원전 700년경부터 약 250년간의 역사가 쓰여져 있다. 중국 춘추시대 노(魯)나라의 학자인 좌구명(左丘明)이 지었다 하나 확실치 않다.

1) [평강공주의 신념] 원문읽기

及女年二八, 欲下嫁於上部高氏. 公主對曰: "大王常語, '汝必爲溫達之婦.'
今何故改前言乎?
匹夫猶不欲食言, 況至尊乎?

급여년이팔, 욕하가어상부고씨. 공주대왈: "대왕상어, '여필위온달지부.' 금하고개전언호?
필부유불욕식언, 황지존호?
교:142, 비:140, 금:171, 삼국사기

2) 도식보기

앞 성분	주어 (S)	부가 성분	술 어(V-v) ⒶDO/ⒷBE/ ⒸBECOME/ ⒹC-B/使	목적어 (O)	보어 (C)	뒷 성분
	ESi-1		Ⓒⓐ及		女j年二八	
	ESi-2		Ⓓ欲	EOj	下嫁於上部高氏	
	公主j	對	Ⓐ曰			: "
	大王i	常	Ⓐ語			,
'	汝j	必	Ⓒ爲		溫達之婦	.'
今何故	ESi-3		Ⓐ改	前言		乎?
	匹夫	猶不	Ⓐ欲	食言k		
況	至尊i		ⒶEV	EOk		乎?"

3) 단어읽기

[及:도달하다, 女:딸, 年:나이, 二八:16세(2×8), **欲:-하게 하려하다**, 下嫁:아랫사람에게 시집
보내다, 於:-에(귀착점 표시 전치사), 上部高氏:상부고씨. 公主:공주, 對曰:마주하고 말하다,
大王:대왕, 常:자주, 語:말하다, 汝:너, 必:반드시, 爲:되다, 溫達:온달, 之:-의, 婦:아내, 今:지
금, 何:어떤, 故:까닭, 改:고치다, 前言:앞의 말, 乎:의문 어기조사(-까?), 匹夫:필부(보잘 것 없
는 남자), 猶:오히려, 不欲:원하지 않다, 食言:말을 삼키다/말을 바꾸다/거짓말하다, 況:하물
며, 至尊:지존/왕, 乎:의문 어기조사]

4) 해석하기

(왕은) 딸의 나이가 16세가 됨에 이르자,

(왕은) (딸로 하여금) 아래로 상부고씨에게 시집가게 하려 하였다.

공주가 왕을 대하여 말하길:

"대왕께서 자주 말씀하셨습니다.

'너는 반드시 온달의 처가 되리라.'

지금 어떤 까닭에 (대왕께서는) 이전의 말씀을 바꾸시나이까?

보잘 것 없는 필부도 오히려 식언을 하고자 하지 않는데,

하물며 대왕께서 (식언)하시겠습니까?"

5) 해설

- **비명시적 주어 'ESi-₁'**: '大王i/至尊i'과 동일 지시된다. **변화결과 사건의미**를 나타내는 술어 '©及(이르다)'과 변화의 〈귀착점〉인 보어와의 병합을 볼 때, 이 주어는 **변화 〈대상자〉**이다.
- **비명시적 주어 'ESi-₂'**: '大王i', '至尊i'과 동일 지시된다. **사역 사건의미**를 나타내는 술어 'Ⓓ欲(하게하려 하다)'과 **〈대상자〉이자 〈경험자〉**인 'EOj/s(공주)', **변화의 〈귀착점〉**인 보어 '下嫁於上部高氏'와의 병합을 볼 때, 이 주어는 사역 사건의 **〈원인자〉**이다.
- **비명시적 주어 'ESi-₃'**: '大王i', '至尊i'과 동일 지시된다. **활동 사건의미**를 나타내는 술어 'Ⓐ改'와 목적어인 **지배 〈대상자〉**와의 병합을 볼 때, 이 주어는 의지적 **〈행위자〉**이다.
- **비명시적 술어 'ⒶEV'와 목적어**: [+의지]적 **활동 사건의미**로 해석되며, 위의 'Ⓐ欲V食言O'가 생략된 것이다.
- **보어 '女年二八'**: '女年S+EV+二八C' 구조로 '딸의 나이가 16세가 되다.'이다. 이 구조는 **변화결과 사건의미**를 나타내는 술어 '©及(이르다)'의 **〈귀착점(goal)〉**을 표시하는 **보어**가 되고, 여기에 이 **변화의 〈대상자〉** 'ESi(대왕)'이 **주어**로 병합하는 문장이다.
- **보어 '下嫁於上部高氏'**: 이중 '上部高氏'는 술어 'Ⓓ欲'의 **사역 〈대상자〉**인 'EOj(딸/공주)'의 **〈귀착점〉**이다.
- **보어 '溫達之婦'**: 〈대상자〉인 '汝j(너/딸/공주)'의 변화결과 〈귀착점〉이다.

6) 심화 및 참고

- **삼국사기(三國史記)**: 고려 인종 때 김부식(金富軾) 등이 편찬한 우리나라 삼국시대의 정사(正史) 역사서이다.

1) [이순신의 필사즉생] 원문읽기

十五日癸卯晴. 數小舟師不可背鳴梁爲陣. 故移陣于右水營前洋. 招集諸將約束曰: "兵法云, '必死則生, 必生則死.'"

십오일계묘청. 수소주사불가배명량위진. 고이진우우수영전양. 초집제장약속왈: "병법운, '필사칙생, 필생칙사.'" 금:181, 이충무공전서

2) 도식보기

앞 성분	주어 (S)	부가 성분	술어(V-v) ⒜DO/⒝BE/ ⒞BECOME/ ⒟C-B/使	목적어 (O)	보어 (C)	뒷 성분
	十五日癸卯		⒝晴			.
	數小舟師	不可背鳴梁	⒜爲	陣		
故	ESi-1		⒟移	陣	于右水營前洋	.
	ESi-2	招集諸將約束	⒜曰			: "
	兵法		⒜云			, '
	ESj	必	⒞死			
則	ESj		⒞生			
	ESj	必	⒞生			
則	ESj		⒞死			.' "

3) 단어읽기

[十五日:15일, 癸卯:계묘일, 晴:맑음. 數:수자, 小:작다, 舟師:선단/수군, 不可:불가하다, 背: 등지다/뒤로 하다, 鳴梁:명량(지명), 爲:만들다/삼다, 陣:진/병영. 故:그래서, **移:이동시키다**, 陣:진영, 于:-에/로(귀착점 표시 전치사), 右水營:우수영, 前洋:앞바다. 招集:불러모으다, 諸 將:여러 장수, 約束曰: 약속하여 말하다, 兵法云:병법에 말하다, 必死:반드시 죽으려하다, 則: 순접 접속사, 生:살게 되다, 必生:반드시 살려고 하다, 則:순접 접속사, 死:죽게 된다]

4) 해석하기

15일 계묘 맑음.

수가 적은 수군은 명량을 등지고 진지를 만들면 안 된다.

그래서 **(이순신은) 진을 우수영 앞바다로 이동시켰다.**

(이순신은) 여러 장수들을 불러 놓고 앞으로 어떻게 할 것인가를 정하여 말하였다.

"병법에 이르길,

'(사람이) 반드시 죽으려고 하면 살고, (사람이) 반드시 살려고 하면 죽는다.'"

5) 해설

- **주어 '數小舟師(수가 적은 수군병력)'**: **변화 사건의미**를 표시하는 술어 'ⓒ爲(되다)' 및 〈귀착점〉 보어 '陣(진지)'와의 병합을 볼 때, 이 주어는 **변화 〈대상자〉**이다.
- **비명시적 주어 'ESi-1'**: 본문에는 출현하지 않았지만, **'이순신 장군'**과 동일지시 관계이다. 후속하는 〈대상자〉이자 〈경험자〉인 '陣(진영)'과 〈귀착점(goal)〉인 보어 '于右水營前洋' 등과의 병합을 볼 때, 이 **주어는 〈원인자〉**이다.
- **비명시적 주어 'ESi-2'**: '이순신 장군'과 동일지시 관계이다. **활동 사건의미**를 표시하는 술어 'Ⓐ曰(말하다)' 및 이하 지배 〈대상자〉 목적어인 병법서의 내용과의 병합을 볼 때, 이 주어는 〈행위자〉이다.
- **비명시적 주어 'ESj'**: '보편주어/일반인 주어'이다. 술어가 **변화결과 사건의미**를 나타내므로, 이 주어는 **변화 〈대상자〉**이다.
- **술어 'ⓒ死', 'ⓒ生'**: 동사 '死(죽다)', '生(살다)'는 이 구조에서 목적격을 가지지 않는 전형적인 술어로, **변화 사건의미**를 표시한다.

6) 심화 및 참고

- **부가어 '必(반드시)'**: 이 '반드시'는 의미적으로 '-하다(/라)'라는 동사와 긴밀히 결합한다. 따라서 변화결과 사건의미를 나타내는 전형적인 비대격동사(unaccusative) 술어인 'ⓒ死', 'ⓒ生'로 하여금 상당한 활동성(Ⓐ)을 가지게 하는 기능이 있다.
- **이충무공전서(李忠武公全書)**: 조선 선조 때의 장군 이순신(李舜臣)의 전집. 정조 19년(1795)에 왕명에 따라 윤행임(尹行恁)이 간행하였다.

1) [광해군이 보는 조화] 원문읽기

上試問於諸王子曰: "饌品之中何物爲上?" 光海對曰: "鹽也."
上問其故, 對曰: "調和百味, 非鹽則不成矣."

상시문어제왕자왈: "찬품지중하물위상?" 광해대왈: "염야."
상문기고, 대왈: "조화백미, 비염즉불성의."
지:120-121, 연려실기술

2) 도식보기

앞 성분	주어 (S)	부가 성분	술 어(V-v) ⒜DO/⒝BE/ ⒞BECOME/ ⒟C-B/使	목적어 (O)	보어 (C)	뒷 성분
	上	試問於諸王子	⒜曰			:
饌品之中	何物		⒝爲		上i	?
	光海j	對	⒜曰			:
	ESi		⒝EV		鹽	也.
	上		⒜問	其故		
	ESj	對	⒜曰			:
	調和百味k		⒝非		鹽	則
	ESk	不	⒞成		矣	.

3) 단어읽기

[上:임금, 試問:시험삼아 묻다, 於:-에게, 諸:여러, 王子:왕자, 曰:말하다, 饌品:반찬거리, 之:-의, 中:가운데, 何物:어떤 물건, 爲:이다/되다, 上:최고, 光海:광해군, 對:마주하다, 曰:말하다, 鹽:소금, 也:진술 어기조사, 上:임금, 問:묻다, 其:그, 故:까닭, 對:대하다, 曰:말하다, 調和:조화롭게 하다, 百味:온갖 맛, 非:아니다, 鹽:소금, 則:순접 접속사, 不:아니다, 成:되다/이루어지다, 矣:진술 어기조사]

4) 해석하기

임금이 시험 삼아 여러 왕자들에게 물어서 말하길,

"반찬거리 중에 어느 것이 최상인가?"

광해가 대답하여 말하길,

"(최상인 것은) 소금입니다."

임금이 그 까닭을 물었다.

(광해가) 대답하여 말하길,

"온갖 맛을 두루 어우러지게 하는 것은 소금이 아니면,

(그것은) 되지 않습니다."

5) 해설

- **비명시적 주어 'ESi'**: 보어로 쓰인 '上i(최상의 짓)'과 동일지시 관계이다. 해당 술어가 **상태 사건의미**인 [+판단]의 '®EV(爲:이다)'이므로, 이 주어는 **묘사 〈대상자〉**이다.
- **비명시적 주어 'ESj'**: '光海j(광해군)'과 동일지시 관계이다. 해당 술어가 **활동 사건의미**인 'Ⓐ曰[(말하다/아뢰다)'이므로, 이 주어는 〈행위자〉 주어이다.
- **비명시적 주어 'ESk'**: '調和百味k(온갖 맛을 조화롭게 하는 것)'과 동일지시 관계이다. 해당 술어가 **변화결과 사건의미**인 'Ⓒ成(이루어지다)'이므로, 이 주어는 **변화 〈대상자〉**이다.
- **부가어 '試問於諸王子'**: 부가어는 '(ES+)VC'의 절 구조이다.
- **비명시적 술어 'EV'**: 대화체이므로, 주어와 술어 모두 생략된다. 생략된 술어는 상태 사건의미의 하나인 '판단'의 의미를 나타내는 '-이다'이다.
- **술어 'Ⓑ非'**: 상태 사건의미의 하나인 부정의 판단, **'-이 아니다'**를 나타내는 **동사**이다.

6) 심화 및 참고

- **'調和百味(온갖 맛을 조화롭게 하는 것)'**: 이 'VO' 구조가 **주어**로 쓰인다. 이 속에서, 술어 '調和'는 **'사역'** 사건의미 '조화롭게 하다'로 해석된다.
- **연려실기술(燃藜室記述)**: 조선 후기 실학자 이긍익(李肯翊)이 지은 역사서.

2.2. 우리역사의 이해

| 단군조선 / 서희의 담판 / 세종실록 속 울릉도와 독도 |

1) [단군조선(檀君朝鮮)] 원문읽기

東方初無君長, 有神人降于檀木樹下, 國人立爲君, 是爲檀君, 國號朝鮮.

동방초무군장, 유신인강우단목수하, 국인입위군, 시위단군, 국호조선.
비:156, 동국통감

2) 도식보기

앞 성분	주어 (S)	부가 성분	술 어(V-v) Ⓐ DO/Ⓑ BE/ Ⓒ BECOME/ Ⓓ C-B/使	목적어 (O)	보어 (C)	뒷 성분
	東方i	初	Ⓑ無		君長	,
	ESi		Ⓑ有		神人j降于檀木樹下	,
	國人		Ⓓ立	EOj	爲君	.
	是		Ⓑ爲		檀君	,
	國號		ⒷEV		朝鮮	.

3) 단어읽기

[東方:동방/우리나라, 初:처음(에), 無:없다, 君長:군장/임금, 有:있다, 神人:신적인 사람, 降:내려오다, 于:-에/로(귀착점 표시 전치사), 檀木樹下:박달나무 아래, 國人:나라사람/백성, 立:**세우다**, 爲:되다, 君:임금, 是:이(분), 爲:이다, 檀君:단군, 國號:나라이름, 朝鮮:조선]

4) 해석하기

동방(/우리나라)에 처음에는 임금이 없었는데,

(동방에) 신적인 사람이 박달나무 아래에 내려옴이 있어,

나라 사람들이 (그를) **세워서** 임금이 되게 했다.

이분이 단군이며,

나라이름은 조선이다.

5) 해설

- **비명시적 주어 'ESi'**: 장소 주어로 쓰인 '東方i'과 동일지시 관계이다. 해당 **술어가 상태 사건의미** 중 [+존재]인 'Ⓑ有(있다/존재하다)'이므로, 이 주어는 **묘사 〈대상자〉**이다.
- **술어 'Ⓓ立'**: '사역' 사건의미로, '세워서 –하게 하다'로 해석된다.
- **술어 'Ⓑ爲'**: 상태 사건의미의 하나인 '판단', 즉 '-이다'로 해석된다.
- **비명시적 술어 'ⒷEV'**: 상태 사건의미의 하나인 '판단', 즉 '-이다'로 해석된다.
- **비명시적 목적어 'EOj'**: 바로 윗 절의 '神人j'과 동일지시 관계이다. **사역 사건의미**를 나타내는 술어 '**Ⓓ立'의 사역 〈대상자〉**이자, **보어 '爲君'의 〈경험자〉**이다. 한문·고대중국어에서는 발음되지 않았지만 한국어로 해석할 때는 반드시 회생(resumptive)시켜 해석해야 좋다.
- **보어 '神人j降于檀木樹下'**: 변화결과의 사건의미를 가지는 절(SVC) 구조의 보어이다.
- **보어 '爲君'**: 변화결과의 사건의미를 가지는 절(VC) 구조의 보어이다.

6) 심화 및 참고

- **비명시적 목적어 'EOj(신적인 사람)'**: 한문·고대중국어에서는 **발음되지 않았지만** 한국어로 해석할 때는 반드시 **회생(resumptive)시켜 해석**해야 좋다.
- **동국통감(東國通鑑)**: 조선 초기 서거정(徐居正) 등이 **신라 초부터 고려 말**까지의 역사를 기록한 책.

1) [서희의 담판외교] 원문읽기

遜寧語熙曰: "汝國興新羅地, 高句麗之地我所有也, 而汝侵蝕之."
熙曰: "非也. 我國即高句麗之舊地也. 故號高麗, 都平壤."

손녕어희왈: "여국흥신라지, 고구려지지아소유야, 이여침식지."
희왈: "비야. 아국즉고구려지구지야. 고호고려, 도평양." 지:114-115, 고려사

2) 도식보기

앞 성분	주어 (S)	부가 성분	술 어(V-v) ⒶDO/ⒷBE/ ⒸBECOME/ ⒹC-B/使	목적어 (O)	보어 (C)	뒷 성분
	遜寧	語熙	Ⓐ曰			:
	汝國		Ⓒ興		新羅地	,
高句麗之地	我		ⒷEV		所有	也, 而
	汝	侵	Ⓐ蝕	之		.
	熙		Ⓐ曰			:
	ESi		Ⓑ非			也.
	我國j	即	ⒸEV		高句麗之舊地	也.
故	ESj		Ⓒ號		高麗j	,
	ESj		Ⓒ都		平壤	.

3) 단어읽기

[遜寧:소손녕, 語:말하다, 熙:서희(에게), 曰:말하다, 汝國:너희나라, 興:발흥하다/일어나다, 新羅地:신라 땅, 高句麗之地:고구려의 땅, 我:우리(거란), 所:-바, 有:가지다, 也:진술 어기조사, 而:역접 접속사, 汝:너희, 侵:침입하다, 蝕:좀먹다/갉아먹다, 之:그것. 熙:서희, 曰:말하다, 非也:아니다. 我國:우리나라, 即:곧(부사어), 高句麗之舊地:고구려의 옛 땅, 也:진술 어기조사. 故:고로, 號:불리다/부르다, 高麗:고려, 都:도읍하(/되)다, 平壤:평양(에)]

4) 해석하기

손녕이 서희에게 말하길,

"너희 나라는 신라 땅에서 **일어났으므로**,

고구려의 땅은 나(/거란)의 소유이나, 너희가 침략하여 그것을 갉아먹었다."

서희가 말하길,

"**(그것은)** 아니다.

우리나라는 곧 고구려의 옛 땅에서 **일어났다**.

고로 (우리나라는) 고려라고 **불리며**,

(우리나라는) 평양에 **도읍되었다**."

5) 해설

- **비명시적 주어 'ESi'**: 위에서 '遜寧(소손녕)'이 말한 내용 전부를 가리킨다. 해당 **술어가 상태 사건의미인 [+판단]**의 '**Ⓑ非(아니다)**'이므로, 이 **주어**는 묘사 **〈대상자〉**이다.
- **비명시적 주어 'ESj'**: '我國j(우리나라)/高麗j(고려)'와 동일지시 관계이다. 해당 **술어가 변화 사건의미** '**Ⓒ號(불리다)/Ⓒ都(도읍이 되다)**'이므로, 이 **주어**는 변화 **〈대상자〉**이다.
- **첫 번째 비명시적 술어 'ⒷEV'**: 판단의 주체 **〈대상자〉 주어**와 판단의 객체 **〈대상자〉 보어**와의 관계를 볼 때, 이 술어는 **[+판단]의 상태 사건의미**를 나타낸다.
- **두 번째 비명시적 술어 'ⒸEV'**: 변화 **〈대상자〉 주어**와 **〈귀착점〉 보어**와의 관계를 볼 때, 이 술어는 **변화결과 사건의미**를 나타낸다. 특히 위의 '*汝國興新羅地*'와 구조가 같다. 따라서 비명시적인 술어는 '**Ⓒ興**'라고 하겠다.
- **'앞 성분'의 '高句麗之地'**: 문두, 즉 주어의 앞에 위치한 **화제**이다.

6) 심화 및 참고

- **이 글의 배경**: 서기 993년 거란의 장수 소손녕이 대군으로 고려를 침략하였을 때, 고려의 서희 장군이 **논리적 설득을 통한 외교담판**으로 침략군을 철수시키고, 오히려 **강동 6주** (압록강 동쪽의 용주, 홍화진, 철주, 통주, 귀주, 곽주)**를 얻게 된 사건**을 배경으로 한다.
- **고려사(高麗史)**: 조선 전기에 세종의 명으로 정인지(鄭麟趾), 김종서(金宗瑞) 등이 편찬한 고려시대 역사서.

1) [세종실록 속 울릉도와 독도] 원문읽기

于山·武陵二島在縣正東海中. 二島相去不遠, 風日清明, 則可望見.

우산·무릉이도재현정동해중. 이도상거불원, 풍일청명, 즉가망견.

지:198,비:167, 세종실록지리지

2) 도식보기

앞 성분	주어 (S)	부가 성분	술 어(V-v) ⒶDO/ⒷBE/ ⒸBECOME/ ⒹC-B/使	목적어 (O)	보어 (C)	뒷 성분
	于山·武陵二島j		Ⓑ在		縣正東海中	.
二島j	相去	不	Ⓑ遠			,
	風日	清	Ⓑ明			,則
	ESi	可望	Ⓐ見	EOj		.

3) 단어읽기

[于山:우산, 武陵:무릉, 二島:두 섬, 在:있다, 縣:현, 正東海中:정 동해 가운데. 二島:두 섬, 相:서로, 去:떨어진 것이, 不遠:멀지 않다, 風日:바람 부는 날, 清:맑다, 明:밝다, 則:순접 접속사, 可:가히, 望見:바라다 뵈다]

4) 해석하기

우산과 무릉 두 섬은 현의 정 동쪽 바다 가운데 있다.
두 섬은 서로 간의 거리가 멀지 않아,
(두 섬은) 바람이 부는 날은 개어 맑으면,
(두 섬은) (우리가 두 섬을) 가히 바라다 볼 수 있다.

5) 해설

- **주어 '相去'**: '서로 떨어진 거리'를 의미하며, 술어가 **상태 사건의미** 'ⓑ遠(멀다)'를 나타내므로, 이 주어는 **묘사 〈대상자〉**이다.
- **비명시적 주어 'ESi'**: '일반주어'라서 생략되었다. 해당 **술어가 활동 사건의미** 'Ⓐ見(보다)'이고, **지배 〈대상자〉 목적어** EOj(二島j)와 병합되는 것을 볼 때, 이 주어는 **의지적 〈행위자〉**이다.
- **비명시적 목적어 'EOj'**: 'EOj(二島j)'는 목적어의 위치에서 문두로 이동하여 **화제화**하였다.
- **술어 'ⓑ明'**: **'핵은 단순하다'**는 생각에, '淸明'을 술어로 하지 않고, '明'만을 술어로 친다.

6) 심화 및 참고

- **술어 '見'**: '見'이 술어로서 **활동(DO) 사건의미**를 가질 것인가, 아니면 **변화결과(BECOME) 사건의미**를 가질 것인가? 우리는 비명시적 **〈대상자〉 목적어** 'EOj(二島j: 두 섬)'를 설정함으로써 전자로 본다. 이는 이미 앞에서 화제화되었으므로, 계속 연계시켜 해석하면 된다. 만약 후자로 보면, 주어는 변화 〈대상자〉인 'ESj(두 섬)'이며, '두 섬은 바라다 보일 수 있다.'로 해석된다.
- **세종실록지리지(世宗實錄地理志)**: 1454년(단종 2년)에 완성된 《세종장헌대왕실록》의 제148권에서 제155권에 실려 있는 **전국 지리지**이다. 조선초기의 지리서로서, 역사서의 부록이 아니라 독자적으로 만들어졌다. 국가통치를 위해 필요한 여러 자료를 상세히 다룬다.

3. 산문(散文)

3.1. 가족

┃ 부부 / 부모와 자녀(1-2) / 형제자매 ┃

1) [부부: 인륜의 시작] 원문읽기

夫婦人倫之始, 萬福之源, 所關至重.

부부인륜지시, 만복지원, 소관지중.
금:81, 화:124, 정암집

2) 도식보기

앞 성분	주어 (S)	부가 성분	술 어(V-v) ⒜DO/ⒷBE/ ⒸBECOME/ ⒹC-B/使	목적어 (O)	보어 (C)	뒷 성분
	夫婦j		ⒷEVi		人倫之始	,
	ESj		ⒷEVk		萬福之源	,
	所關	至	Ⓑ重			.

3) 단어읽기

[夫婦:남편과 아내, 人倫:인륜, 之:-의(관형어 표시 조사), 始:시작, 萬福:만복, 之:-의, 源:근원, 所關:관련되는 바, 至:지극히, 重:무겁다/중하다]

4) 해석하기

남편과 아내는 인간 윤리의 시작이요,

(남편과 아내는) 만복의 근원이니,

관련되는 바가 지극히 중하다.

5) 해설

- **주어 '夫婦j'**: 묘사 〈대상자〉 주어이다. '남편과 아내', 보이지 않는 접속사 'AND(와/과)' 가 있는 것으로 해석된다.

- **비명시적인 주어 'ESj'**: '夫婦j(남편과 아내)'와 동일 지시된다. 비명시적인 해당 **술어가 상태 사건의미 'ⒷEVk(이다)'**이므로, 이 **주어는 묘사의 〈대상자〉**이다.

- **비명시적인 술어 'EVi'**: 판단의 〈대상자〉 주어 '夫婦j(남편과 아내)', 판단의 결과를 나타 내는 보어 '人倫之始'를 볼 때, 이 술어는 상태 사건의미 중 판단 '-이다'를 나타내는 술어 로 해석된다.

6) 심화 및 참고

- **정암집(靜菴集)**: 조선 중종 때 문신 조광조(趙光祖)의 시문집.

1) [부모와 자녀(1): 아비와 아들] 원문읽기

父子天性之親, 生而育之, 愛而教之; 奉而承之, 孝而養之.

부자천성지친, 생이육지, 애이교지; 봉이승지, 효이양지.

화:60, 동몽선습

1) 도식보기

앞 성분	주어 (S)	부가 성분	술 어(V-v) ⒶDO/ⒷBE/ ⒸBECOME/ ⒹC-B/使	목적어 (O)	보어 (C)	뒷 성분
	父i子j		ⒷEV		天性之親	,
	ESi₋₁		Ⓐ生			而
	ESi₋₁		Ⓐ育	之j		,
	ESi₋₂		Ⓒ愛			而
	ESi₋₁		Ⓐ教	之j		;
	ESj		Ⓐ奉			而
	ESj		Ⓐ承	之i		,
	ESj		Ⓐ孝			而
	ESj		Ⓐ養	之i		.

3) 단어읽기

[父子:아비와 자식(은), 天性:타고나다, 之:-은(관형어 표시 조사), 親:친밀(한 관계), 生:**낳다**, 而:순접 접속사, 育:기르다, 之:그(지시 대명사, 자녀 지시), 愛:사랑하다, 而:순접 접속사, 教: 가르치다, 之:그, 奉:봉양하다, 而:순접 접속사, 承:잇다, 之:그(지시 대명사, 부모 지시), 孝:효 도하다, 而:순접 접속사, 養:봉양하다, 之:그(부모를 지시함)]

4) 해석하기

아비와 아들은 타고난 친애하는 사이니,

(아비는) 낳아주고 그를 기르며,

사랑하여 그를 가르친다.

(자식은) 받들어 부모를 이어받고,

효도하여 그를 봉양한다.

5) 해설

- **주어 '父i子j'**: '아비와 자식'. 보이지 않는 접속사 'AND(와/과)'가 있는 것으로 해석하는 것이 좋다.
- **비명시적인 주어 'ESi-1'**: '父i(부모/아비)'와 동일 지시된다. 해당 술어가 **활동 사건의미** 'Ⓐ生(낳다)/Ⓐ育(기르다)/Ⓐ教(가르치다)'이므로, **주어는 의지의 〈행위자〉**이다.
- **비명시적인 주어 'ESi-2'**: '父i(부모/아비)'와 동일 지시된다. 해당 술어가 **변화결과 사건 의미인 [+심리]의** 'Ⓒ愛(사랑하다)'이므로, **주어는 변화의 〈경험자〉**이다.
- **비명시적인 주어 'ESj'**: '子j(아들/자식)'와 동일 지시된다. 해당 술어가 **활동 사건의미** 'Ⓐ奉(받들다)/Ⓐ承(잇다)/Ⓐ孝(효도하다)/Ⓐ養(봉양하다)'이므로, **주어는 의지의 〈행 위자〉**이다.
- **비명시적인 술어 'EV'**: 판단의 〈대상자〉 주어 '父i子j' 및 보어 판단의 결과 '天性之親'와 의 결합을 볼 때, 이 비명시적인 술어는 **상태 사건의미인 [+판단]의 '-이다'**로 해석된다.
- **목적어 '之i'**: '父i(부모/아비)'와 동일 지시된다.
- **목적어 '之j'**: '子j(아들/자식)'와 동일 지시된다.
- **보어 '天性之親'**: '타고난 친밀한 관계'. '관형어+중심어' 구조이다.
- **'뒷 성분' '而'**: 접속사, 여기서는 모두 '순접'을 표시한다.

6) 심화 및 참고

- **동몽선습(童蒙先習)**: 조선 중종 때 박세무(朴世茂)가 지은 어린이용 학습서.

1) [부모와 자녀(2): 어머니의 회초리] 원문읽기

其母曰: "他日笞, 子未嘗泣, 今泣何也?" 對曰: "兪得罪, 笞常痛, 今母之力不能使痛, 是以泣."

기모왈: "타일태, 자미상읍, 금읍하야?" 대왈: "유득죄, 태상통, 금모지력불능사통, 시이읍."

화:124, 소학

2) 도식보기

앞 성분	주어 (S)	부가 성분	술 어(V-v) ⒶDO/ⒷBE/ ⒸBECOME/ ⒹC-B/使	목적어 (O)	보어 (C)	뒷 성분
	其母i		Ⓐ曰			:"
	ESi	他日	Ⓐ笞			,
	子j	未嘗	Ⓒ泣			,
今	泣		ⒷEV		何	也?"
	ESj-1	對	Ⓐ曰			:"
兪	ESj-2		Ⓒ得		罪	,
	笞	常	Ⓓ痛	EOj		,
今	母之力	不能	Ⓓ使	EOj 痛v		,
	ESj-2	是以	Ⓒ泣			."

3) 단어읽기

[其母:그의 어머니, 曰:말하다, 他日:다른 날, 笞:회초리(/매)질하다. 子:너(2인칭 대명사), 未:아니다, 嘗;일찍이, 泣:울다, 今:지금, 泣:우는 것(은), 何:무엇, 也:어기조사, 對曰:마주하여 말하다, 兪:네(대답하다), 得:얻(/짓)게 되다, 罪:죄, 笞:매(질), 常:자주, **痛:아프게 하다**, 今:지금, 母之力:어머니의 힘, 不能:할 수 없다, 使:하여금(사역 경동사), **痛:아프게 되다**. 是以:이 때문에, 泣:울다]

4) 해석하기

그의 어머니가 말하였다.

"(내가) 다른 때 매질하면,

너는 여태껏 울지 않았는데,

오늘 우는 것은 무엇 때문이냐?"

(자식이) 대답했다.

"네, (제가) 죄를 짓게 되면,

어머니의 매질은 (저로 하여금) 항상 **아프게 했는데**.

오늘은 어머니의 힘이 (저를) **아프게 하지 못해서**,

(**제가**) 이 때문에 울게 됩니다."

5) 해설

- **비명시적인 주어 'ESi'**: '其母i(그의 어머니)'와 동일 지시된다. 해당 술어가 **활동 사건의미** 'Ⓐ笞(매질하다)'를 나타내므로, 주어는 〈행위자〉이다.

- **비명시적인 주어 'ESj-₁'**: '子j(그 아들)'와 동일 지시된다. 해당 술어가 **활동 사건의미** 'Ⓐ曰(말하다)'를 나타내므로, 이 주어는 〈행위자〉이다.

- **비명시적인 주어 'ESj-₂'**: '子j(그 아들)'와 동일 지시된다. 해당 술어가 **변화결과 사건의미** 'Ⓒ得(얻다/짓다)/Ⓒ泣(울게 되다)'이므로, 이 주어는 **변화 〈대상자〉**이다.

- **비명시적인 술어 'EV'**: 판단의 〈대상자〉 주어 '泣(우는 것)' 및 판단의 결과를 나타내는 보어 '何(무엇 때문)'를 볼 때, 이 술어는 **상태 사건의미** '-이다'로 해석된다.

- **술어 'Ⓓ痛'**: '사역' 사건의미, '아프게 하다'를 나타내는 술어이다. 따라서 **사역의 〈대상자〉** 혹은 아프게 되는 〈경험자〉 'EOj(아들/저)'가 해석되어야 한다.

- **술어 'Ⓓ使'**: '사역' 사건의미를 나타내는 **술어(/경동사)**이다. **사역의 〈원인자〉** '母之力', 사역의 〈대상자〉 혹은 〈경험자〉 'EOj/s(아들/저)'와 하위의 술어(본문의 '痛v: 아프게 되다')가 해석되어야 한다.

6) 심화 및 참고

- **소학(小學)**: 중국 송나라 때 유자징(劉子澄)이 주희(朱熹)의 가르침으로 지은 초학자들의 수양서.

1) [형제자매] 원문읽기

天下難得者兄弟, 易求者田地.

천하난득자형제, 이구자전지.
대:139, 소학

2) 도식보기

앞 성분	주어 (S)	부가 성분	술 어(V-v) Ⓐ DO/Ⓑ BE/ Ⓒ BECOME/ Ⓓ C-B/使	목적어 (O)	보어 (C)	뒷 성분
天下	難得者		Ⓑ EV		兄弟	,
	易求者		Ⓑ EV		田地	.

3) 단어읽기

[天下:세상, 難:어렵다, 得:얻다, 者:사람/것, 兄弟:형제, 易:쉽다, 求:구하다, 者:사람/것, 田地:논밭]

4) 해석하기

천하(/세상)에서 얻기 어려운 것은 형제이나,
(천하에서) 구하기 쉬운 것은 논과 밭이다.

5) 해설

- **비명시적인 두 술어 'Ⓑ EV'**: 판단의 〈대상자〉 주어 '難得者/易求者'와 판단의 결과를 나타내는 보어 '兄弟/田地'와의 결합을 볼 때, 생략된 이 두 술어는 모두 **상태 사건의미 중 [+판단]의 '-이다'**로 해석된다.
- **'앞 성분' '天下'**: 장소명사 **화제**로, 이 문장의 진술 배경이 된다.

6) 심화 및 참고

- **비명시적인 술어 EV**: 본문에는 비명시적인 술어 2개가 작동한다. 문맥과 절(통사) 구조 상황이 주어지면, **인간의 두뇌**는 이것을 감지하고 해석하는 **천부적인 능력**이 있다. 오래된 **한문·고대중국어의 해독**을 위해, 이런 원리를 발견하고 정교하게 가다듬어 보자. 우리는 이것을 4차 산업혁명 시대의 AI(인공지능)보다 훨씬 잘 해낼 수 있다.

3.2. 과학의 세계

| 천간과 시산 / 둥근 지구/ 금속활자 / 수학 / 의학 / 언어학 |

1) [천간과 지간] 원문읽기

天干者甲乙丙丁戊己庚辛壬癸. 地支者子丑寅卯辰巳午未申酉戌亥. 相合而爲六十甲子.

천간자갑을병정무기경신임계. 지지자자축인묘진사오미신유술해. 상합이위육십갑자.
지:43, 교:98, 대:111, 비:124, 동:166, 계몽편

2) 도식보기

앞 성분	주어 (S)	부가 성분	술 어(V-v) ⒶDO/ⒷBE/ ⒸBECOME/ ⒹC-B/使	목적어 (O)	보어 (C)	뒷 성분
	天干者i		ⒷEV		甲乙丙丁戊己庚辛壬癸	,
	地支者j		ⒷEV		子丑寅卯辰巳午未申酉戌亥	.
	ESi+ESj	相	Ⓒ合			而
	ESi+ESj		Ⓒ爲		六十甲子	.

3) 단어읽기

[天干:천간, 者:것, 甲:갑, 乙:을, 丙:병, 丁:정, 戊:무, 己:기, 庚:경, 辛:신, 壬:임, 癸:계.
地支:지지, 者:것, 子:자, 丑:축, 寅:인, 卯:묘, 辰:진, 巳:사, 午:오, 未:미, 申:신, 酉:유, 戌:술,
亥:해. 相:서로, 合:합하다, 而:순접 접속사, 爲:되다, 六十甲子:60갑자]

4) 해석하기

  천간이라는 것은 '甲乙丙丁戊己庚辛壬癸'이다.

  지간이라는 것은 '子丑寅卯辰巳午未申酉'이다.

  (천간과 지간은) 서로 합쳐져서,

  (천간과 지간은) 60甲子가 된다.

5) 해설

- **비명시적 주어 'ESi+ESj'**: '天干者i'와 '地支者j'를 함께 가리킨다. 해당 술어는 **변화결과 사건의미 'Ⓒ合(합쳐지다)/Ⓒ爲(되다)'**를 나타내므로, 이들 주어는 모두 **변화의 〈대상자〉**이다.
- **비명시적 술어 'EV'**: 주어로 쓰이는 논항과 보어로 쓰이는 논항을 볼 때, 이 두 경우 모두 **상태 사건의미**인 **[+판단]의 '-이다'**로 해석된다.
- **'뒷 성분' '而'**: 접속사. 여기서는 **순접**을 표시한다.

6) 심화 및 참고

- **계몽편(啟蒙篇)**: 조선시대 처음 글을 배우는 아동교육용 교과서이다. 서당이나 향교(鄉校)에서 학동(學童)에게 글을 가르칠 때, 먼저 천자문(千字文)이나 유합(類合)으로 한자(漢字)를 익히게 한 다음, 교훈적(教訓的)인 교재로서 이『계몽편』이나『동몽선습(童蒙先習)』을 가르쳤다.

1) [둥근 지구] 원문읽기

虛子曰: "古人云'天圓而地方', 今夫子言'地體正圓'何也?"
實翁曰: 〈중략〉"地掩日而蝕於月, 蝕體亦圓, 地體之圓也."

허자왈: "고인운'천원이지방', 금부자언'지체정원'하야?"
실옹왈: 〈중략〉"지엄일이식어월, 식체역원, 지체지원야." 지:192, 담헌서

2) 도식보기

앞 성분	주어 (S)	부가 성분	술 어(V-v) ⒶDO/ⒷBE/ ⒸBECOME/ ⒹC-B/使	목적어 (O)	보어 (C)	뒷 성분
	虛子		Ⓐ曰			: "
	古人		Ⓐ云			'
	天		Ⓑ圓			而₁
	地		Ⓑ方			'
今	夫子		Ⓐ言			
	'地體正圓'		ⒷEV		何	也?"
	實翁		Ⓐ曰			: "
	地ᵢ		Ⓐ掩	日		而₂
	ESi		Ⓒ蝕		於月	,
	蝕體	亦	Ⓑ圓			,
	地體之		Ⓑ圓			也."

3) 단어읽기

[虛子:허자, 曰:말하다, 古人:옛사람, 云:말하다, 天:하늘, 圓:둥글다, 而:역접 접속사, 地:땅, 方:네모지다, 今:지금, 夫子:선생님, 言:말하다, 地體:지구의 몸체, 正:온전히/아주/딱, 圓:둥글다, 何:어찜, 也:어기조사]

[實翁:실옹, 曰:말하다, 〈중략〉地:지구, 掩:가리다, 日:해/태양, 而:순접 접속사, 蝕:먹히다, 於:-에, 月:달, 蝕體:먹는 물체, 亦:역시, 圓:둥글다, 地體:지구의 몸체, 之:-가(주격조사), 圓:둥글다, 也:어기조사]

4) 해석하기

허자(虛子: 허당)가 말했다.

"옛 사람들이 말하길,

'하늘은 둥그나 땅은 네모지다'라고 말했는데,

오늘날 선생께서는 '땅의 형체가 바로 둥글다고 하는 것은 어찜이요?"

실옹(實翁: 실속 있는 사람)이 말했다.

"땅이 해를 가려서,

(땅이) 달에게 먹히면,

먹는 형체(/달이 지구를 먹는 형태)가 역시 둥그니,

땅의 형체가 둥글다."

5) 해설

● **비명시적인 주어 'ESi'**: '地i'와 동일 지시된다. 해당 술어 'ⓒ蝕(먹히다)'가 **변화결과 사건의미**를 나타내므로, 이 주어는 **변화 〈대상자〉**이다.

● **비명시적인 술어 'EV'**: 묘사 〈대상자〉 주어 및 보어 '何(무엇)'와의 병합을 볼 때, **상태 사건의미**의 하나인 **[+판단]이나 [+동등]의 '-이다/같다'**유의 동사로 해석된다.

● **뒷 성분 '而₁'**: 접속사, **'역접'**을 표시한다.

● **뒷 성분 '而₂'**: 접속사, **'순접'**을 표시한다.

6) 심화 및 참고

● **'蝕體(먹는 형체)'**: 윗 절 내용, **"땅이 해를 가려 (ES)가 달에게 먹힐 때"**라는 것은 **월식(月蝕)**을 의미한다. 즉, 지구가 달과 태양 사이에 위치하여 지구의 그림자에 달이 가려지는 현상이다. 이런 점에서 **"蝕體亦圓(먹는 형체 또한 둥글다)."**라는 말에서 **'蝕體(먹는 형체)'**는 달의 모양을 의미한다. 다시 말해 **'지구에 의해 달이 가려진 모양이 둥그니'**, 이는 **'지구가 둥글기 때문'**이라는 논리이다.

● **담헌서(湛軒書)**: 조선 후기 실학자 홍대용(洪大容)의 시문집.

1) [세계 최초의 금속활자] 원문읽기

宣光七年丁巳七月日. 清州牧外德興寺鑄字印施.

선광칠년정사칠월일. 청주목외덕흥사주자인시.

화:118, 직지심체요절

2) 도식보기

앞 성분	주어 (S)	부가 성분	술 어(V-v) ⒶDO/ⒷBE/ ⒸBECOME/ ⒹC-B/使	목적어 (O)	보어 (C)	뒷 성분
	ESi		ⒷEV		宣光七年丁巳 七月日	.
	ESj	清州牧外 德興寺	Ⓐ鑄	字		
	ESj	印	Ⓐ施			.

3) 단어읽기

[宣光:선광, 七年:7년, 丁巳:정사년, 七月:7월, 日:(어느)날. 清州牧:청주목(고려시대 행정단위의 하나), 外:교외, 德興寺:덕흥사, 鑄:주조하다, 字:글자(/활자), 印:인쇄하다, 施:시행하다/발행하다]

4) 해석하기

(때는) (고려) 선광 7년인 정사년 7월 어느 날이다.

(해당자/주관자들이) 청주목 외곽의 덕흥사에서 글자를 주조하여,

(해당자/주관자들이) 찍어서 발행했다.

5) 해설

- **비명시적인 주어 'ESi'**: 글에서 이 주어와 동일 지시되는 대상은 보이지 않는다. 그러나 주어는 **묘사 〈대상자〉**로서의 **'때(時)'**이겠다. 이는 주어에 대한 설명의 결과인 **보어가 '시간'**이기 때문이다.
- **비명시적인 두 주어 'ESj'**: 일반인 주어이기 때문에 생략된다. 해당 술어가 **활동 사건의미** 'Ⓐ鑄(찍다/주조하다)/Ⓐ施(시행하다/발행하다)'이므로, 이 주어는 **의지의 〈행위자〉**이다. 즉, 주어는 글자를 주조하는 '사람들/주관자들/주관 관청'이겠다.
- **비명시적인 술어 'EV'**: 묘사 〈대상자〉 주어와 '시간' 표시 보어 사이에서, 이 술어는 **상태 사건의미인 [+판단/설명]', 즉 '-이다'**로 해석된다.

6) 심화 및 참고

- **직지심체요절(直指心體要節)**: 고려 때인 1377년 세계 최초의 금속활자로 찍어낸 불교 관련 서적, 유네스코 세계기록 유산이다.

1) [수학] 원문읽기

今有人分銀, 每人分七兩, 餘四兩. 每人分九兩, 少十二兩,
問, 人數及銀數各若干?

금유인분은, 매인분칠량, 여사량. 매인분구량, 소십이량,
문, 인수급은수각약간?
화:138, 산학정의

2) 도식보기

앞 성분	주어 (S)	부가 성분	술 어(V-v) ⒶDO/ⒷBE/ ⒸBECOME/ ⒹC-B/使	목적어 (O)	보어 (C)	뒷 성분
	今		Ⓑ有		人分銀i	,
	每人		Ⓒ分		七兩	,
	ESi		Ⓒ餘		四兩	.
	每人		Ⓒ分		九兩	,
	ESi		Ⓒ少		十二兩	,
	ESj		Ⓐ問			,
	人數及銀數	各	ⒷEV		若干	?

3) 단어읽기

[今:지금, 有:있다, 人分銀:사람이 은을 **나누다**, 每人:각 사람(이), 分:나누게 되다, 七兩:7냥, 餘:남(게 되)다, 四兩:4냥. 每人:각 사람이, 分:나누게 되다, 九兩:9냥, 少:적다, 十二兩:12냥]
[問:묻다, 人數:사람 수, 及:및, 銀數:은의 수량, 各:각각, 若干:얼마인가?]

4) 해석하기

지금 은을 나누는 것이 있어,

각 사람이 7냥씩 나누(어 가지)면,

(은은) 4냥이 남게 되고,

각 사람이 9냥씩 나누(어 가지)면,

(은은) 12냥이 적게 된다.

(내가/말하는 이가) 묻는다.

사람 수와 은의 수는 각각 얼마인가?

5) 해설

- **주어 '今'**: 시간명사 주어이다. 해당 술어가 **상태 사건의미**인 [+존재]를 나타내는 'Ⓑ有(있다)'이므로, 이 **주어는 묘사 〈대상자〉**이다.
- **비명시적인 두 주어 'ESi'**: '銀i'과 동일 지시된다. 해당 술어가 **변화결과 사건의미** 'Ⓒ餘(남게 되다)/Ⓒ少(적게 되다)'를 나타내므로, 이 **주어는 변화 〈대상자〉**이다.
- **비명시적인 주어 'ESj'**: '발하는 이'를 가리키므로 생략되었다. 해당 술어가 **활동 사건의미** 'Ⓐ問(묻다)'를 나타내므로, 이 **주어는 〈행위자〉**이다.
- **비명시적인 술어 'EV'**: 묘사 〈대상자〉 주어 및 [+판단/설명]의 결과인 보어와의 병합을 볼 때, 이 **술어는 상태 사건의미 '-이다'**로 해석된다.
- **보어 '人分銀'**: '사람들이 은을 **나누다**'. '주어+술어+목적어' 구조로, 이때의 **술어 '分'**은 활동 사건의미로 해석된다.
- **보어 '若干'**: 의문대명사 보어로, 양적으로 **'얼마?'**를 나타낸다.

6) 심화 및 참고

- **'若干(얼마인가?)'의 답**: 이는 방정식 풀이다. **사람 수를 x, 은의 양을 y**라 하고, 내용에 근거해 다음의 두 식을 세워야 한다. ① $7x+4=y$, ② $9x-12=y$; ②에서 ①을 빼면 $2x-16=0$이고, 따라서 $x=8(인)$이다. 이것을 ①이나 ②의 식에 대입하면 $y=60(냥)$이다.
- **산학정의(算學正義)**: 조선 고종 때의 천문학자 남병길(南秉吉)이 지은 수학 책.

1) [의학: 진정한 의료인] 원문읽기

醫治病者也, 不計貴賤, 人有病病, 必往, 鍼醫者針, 藥醫者藥, 以生之. 此古之常然之道.

의치병자야, 불계귀천, 인유병병, 필왕, 침의자침, 약의자약, 이생지. 차고지상연지도.
화:138, 백곡집

2) 도식보기

앞 성분	주어 (S)	부가 성분	술 어(V-v) ⒶDO/ⒷBE/ ⒸBECOME/ ⒹC-B/使	목적어 (O)	보어 (C)	뒷 성분
	醫i		ⒷEV₁		<u>治病者</u>i	也,
	ESi-1	不	Ⓐ計	貴賤		,
	人		Ⓑ有		病病k	,
	ESi-1	必	Ⓐ往			,
	鍼醫者i		ⒶEV₂	鍼		,
	藥醫者i		ⒶEV₂	藥		,以
	ESi-2		Ⓓ生	之k		.
	此		ⒷEV₁		古之常然之道	.

3) 단어읽기

[醫:의사, 治病者:병을 치료하는 사람, 也:진술 어기조사(-이다), 不計:계산하지 않다/따지지 않다, 貴賤:귀천, 人:사람, 有:있다, 病病:병을 앓는 것, 必:반드시, 往:가다, 鍼醫者:침의사(침으로 고치는 사람), 針:침, 藥醫者:약의사(약으로 고치는 사람), 藥:약, 以:순접 접속사(-써), **生:살리다**, 之:그 사람. 此:이는, 古:옛날, 之:-의, 常然:상식적이다, 之:-인(관형어 표시), 道:도리]

4) 해석하기

의사는 병을 치료하는 사람이다.
(그는) 귀천을 따지지 않고,
사람이 병을 앓는 것이 있으면,
(그는) 반드시 가서,
침놓는 의사는 침을 사용하고,
약으로 치료하는 의사는 약을 사용(/처방)하여,
(그는/의사는) 그(/환자)가 살아나게 하나니,
이는 옛적의 상식적이고 자연스런 도리이다.

5) 해설

- **비명시적인 두 주어 'ESi-1'**: '醫i, 治病者i, 鍼醫者ESi-1, 藥醫者ESi-2' 등과 동일 지시된다. 해당 술어가 각각 **활동 사건의미 'Ⓐ計(계산하다)/Ⓐ往(가다)'**를 나타내므로, **주어는 모두 〈행위자〉**이다.
- **비명시적인 두 주어 'ESi-2'**: '醫i, 治病者i, 鍼醫者i, 藥醫者i' 등과 동일 지시된다. 해당 술어가 각각 **사역 사건의미 'Ⓓ生(살게 하다/살리다)'**를 나타내므로, **주어는 사역 사건의 〈원인자〉**이다.
- **비명시적인 술어 'EV1'**: 묘사 〈대상자〉 주어 및 [+판단/설명]의 결과인 보어와의 병합을 볼 때, 이 **술어는 상태 사건의미 '-이다'**로 해석된다.
- **비명시적인 술어 'EV2'**: 의지적 〈행위자〉 주어 및 지배 〈대상자〉 목적어와의 병합을 볼 때, 이 **술어는 활동 사건의미 '用(사용하다)'**으로 해석된다.
  활동 사건의미 '사용하다(用)'류의 술어로 해석하는 것이 명사(針, 藥)를 술어로 전용(轉用)되었다고 하는 것보다 좋다.
- **목적어 '之k'**: 대명사 목적어 '之k(그)'는 보어 '病者, 病病'과 동일 지시된다.
- **보어 '病病'**: '술(V)+목적어(O)' 구조로, '(어떤 사람이) **병을 앓음**'으로 해석된다.
- **뒷 성분 '以'**: 접속사, 여기서는 순접을 표시한다.

6) 심화 및 참고

- **백곡집(栢谷集)**: 조선 중기 시인 김득신(金得臣)의 시문집.

1) [언어학: 훈민정음] 원문읽기

國之語音異乎中國, 與文字不相流通. 故愚民有所欲言, 而終不得伸其情者多矣. 予爲此憫然, 新制二十八字, 欲使人人易習, 便於日用耳.

국지어음이호중국, 여문자부상유통. 고우민유소욕언, 이종부득신기정자다의.
여위차민연, 신제이십팔자, 욕사인인이습, 편어일용이.
금:193, 비:168, 화:118, 훈민정음해례본

2) 도식보기

앞 성분	주어 (S)	부가 성분	술 어(V-v) ⒜DO/⒝BE/ ⒞BECOME/ ⒟C-B/使	목적어 (O)	보어 (C)	뒷 성분
	國之語音i		⒝異		乎中國	,
	ESi	與文字不相流	⒞通			.
故	愚民		⒝有		所欲言	,而
	終不得伸其情者		⒝多			矣.
	予j	爲此	⒞憫			然,
	ESj-1	新	⒜制	二十八字		,
	ESj-2	欲	⒟使	人人k易習		,
	ESk		⒞便		於日用	耳.

3) 단어읽기

[國之語音:우리나라의 말소리(가), 異:다르다, 乎:-에/과(비교대상 표시 전치사), 中國:중국, 與:-로(도구 표시 전치사), 文字:한자, 不:못하다, 相:서로, 流通:통하다. 故:고로, 愚民:어리석은 백성(들), 有:있다, 所欲言:말하고 싶은 바, 而:역접 접속사, 終:끝내/마침내, 不得:할 수 없다, 伸:펼치다, 其情:자신의 뜻, 者:사람, 多:많다, 矣:진술 어기조사. 予:나(세종), 爲此:이 때문에/이를 위해, 憫然:안타깝게 여기다, 新制:새로 만들다, 二十八字:28자, 欲使:-하게 하려 하다(**使는 명시적 사역표시 경동사**), 人人:사람마다, 易:쉽게 하다, 習:익힘/습득, 便:편하다, 於:-에(대상 표시 전치사), 日用:일용/나날이 씀, 耳:-뿐이다(축소 표시 어기조사)]

4) 해석하기

나라의 말소리가 중국과 달라서,

(그것이) 문자(한자의 음과)와 서로 통하지 않는다.

그래서 어리석은 백성들이 말하고 싶은 바가 있으나,

끝내 자기의 뜻을 말로 펼칠 수 없는 자가 많다.

나는 이 때문에 연민을 느껴,

(내가) 새로 28자를 만드니,

(나는) 사람마다 습득을 쉽게 (되게) 하여

(사람마다) 일상의 쓰임에 편하게 되게 할 뿐이로다.

5) 해설

- **비명시적인 주어 'ESi'**: '國之語音i'과 동일 지시된다. 해당 술어가 **변화결과 사건의미** 'ⓒ通(통하다)'를 나타내므로, 이 **주어는 변화 〈대상자〉**이다.
- **비명시적인 주어 'ESj₋₁'**: '予j(나: 세종)'과 동일 지시된다. 해당 술어가 **활동 사건의미** 'Ⓐ制(만들다)'를 나타내므로, 이 **주어는 〈행위자〉**이다.
- **비명시적인 주어 'ESj₋₂'**: '予j(나: 세종)'과 동일 지시된다. 해당 술어가 **사역 사건의미** 'Ⓓ使 (-로 하여금)/易習(습득을 쉽게 하다)'를 나타내므로, 이 **주어는 사역 사건의 〈원인자〉**이다.
- **비명시적인 주어 'ESk'**: '人人k(사람마다)'와 동일 지시된다. 해당 술어가 **변화결과 사건의미** 'ⓒ便(편하게 되다)'를 나타내므로, 이 **주어는 변화의 〈경험자〉**이다.
- **목적어 '人人'**: 이는 명시적 **'사역' 경동사 '使'**의 **〈대상자〉 목적어**이자 **'易習'**의 **〈경험자〉 주어**이다.
- **보어 '乎中國'**: **중국과**. '비교표시 전치사+대상' 구조이다.
- **보어 '於日用'**: '**일상의 쓰임에**'. '대상표시 전치사+대상' 구조이다.

6) 심화 및 참고

- **'언어학'은 과학인가?**: 언어활동은 겉으로 드러나는 것도 있지만, 본질적으로 뇌 활동이 며, 뇌 활동은 눈에 보이지 않는다. 따라서 언어에 대한 이해는 기존의 문화·인류학적 접 근도 필요하지만, 추론적인 사고와 과학적 접근이 더 필요하다. 특히 21세기 '4차 산업혁 명 시기'에 들어서는 뇌신경학, 컴퓨터과학 등의 발달에 힘입은 양성자단층 촬영술(PET) 등의 기술로 뇌 속 언어의 메커니즘에 접근하고자 시도한다. 이처럼 '언어학'은 문과와 이과를 망라하는 융합학문의 성격을 가진다. 뇌 과학의 핵심인 언어학이 창조주(Big Creator)가 허락하시는 인류문명과 문화의 아름다운 꽃이 되길 기원한다.

3.3. 예술

| 솔거가 그린 소나무 / 이징이 눈물로 그린 새 / 이명은의 서예 연습법 |

1) [솔거가 그린 소나무] 원문읽기

新羅眞興王時, 有率居者, 畵老松於皇龍寺壁, 鳥雀往往飛入云, 蓋其畵入神.

신라진흥왕시, 유솔거자, 화노송어황룡사벽, 조작왕왕비입운, 개기화입신.
지:108-109, 지봉유설

2) 도식보기

앞 성분	주어 (S)	부가 성분	술 어(V-v) ⒶDO/ⒷBE/ ⒸBECOME/ ⒹC-B/使	목적어 (O)	보어 (C)	뒷 성분
	新羅眞興王時		Ⓑ有		率居者i	,
	ESi		Ⓐ畵	老松	於皇龍寺壁j	,
	鳥雀	往往飛	Ⓒ入		ECj	云
蓋	其畵		Ⓒ入		神	.

3) 단어읽기

[新羅:신라, 眞興王時:진흥왕 때, 有:있었다, 率居者:솔거라는 사람, 畵:그리다, 老松:노송, 於:-에(장소표시 전치사), 皇龍寺壁:황룡사 벽, 鳥雀:새(들), 往往:종종, 飛入云:날아들었다고 하다, 蓋:대개, 其畵:그의 그림(이), 入神:신의 경지에 들다]

4) 해석하기

신라 진흥왕 때 솔거(率居)라는 사람이 있었는데,
(그가) 노송을 황룡사 벽에 그렸는데,
새들이 때때로 (그 안으로) 날아들었다 하니,
아마도 그 그림이 신령스런 경지에 들었기 때문이다.

5) 해설

- **주어 '新羅眞興王時'**: 시간명사 주어이다. 해당 **술어가 상태 사건의미 'ⓑ有(존재하다)'** 이므로, 이 **주어는 묘사 〈대상자/장소〉**이다.
- **비명시적인 주어 'ESi'**: '率居者j'과 동일 지시된다. 해당 **술어가 활동 사건의미 'ⓐ畵 (그리다)'**이므로, 이 **주어는 〈행위자〉**이다.
- **주어 '鳥雀'**: 새는 동물이지만 의식 없이 벽화 속으로 날아 빨려 들어가는 것으로 인식될 수 있다. 해당 **술어가 변화결과 사건의미 'ⓒ入(들어가다)'**이므로, 이 **주어는 변화의 〈대 상자〉**로 해석된다.
- **보어 '神'**: 장소로서, '신의 경지에'의 의미이다.
- **비명시적인 보어 'ECj'**: 장소로서, **변화의 〈대상자〉**인 '鳥雀'가 날아들어가는 **〈귀착점〉** 으로서의 '於皇龍寺壁j'이다.
- **뒷 성분 '云'**: 동사. '-라 말하다'

6) 심화 및 참고

- **지봉유설(芝峯類說)**: 조선 중기 학자 이수광(李睟光)이 지은 백과사전식 문집.

1) [이징이 눈물로 그린 새] 원문읽기

李澄幼登樓而習畫, 家失其所在, 三日乃得. 父怒而笞之, 泣引淚而成鳥.
此可謂忘榮辱於畫者也.

이징유등루이습화, 가실기소재, 삼일내득. 부노이태지, 읍인루이성조. 차가위망영욕어화자야.
화:144, 금:165

2) 도식보기

앞 성분	주어 (S)	부가 성분	술 어(V-v) ⒜DO/⒝BE/ⒸBECOME/ⒹC-B/使	목적어 (O)	보어 (C)	뒷 성분
	李澄i	幼	⒜登		樓	,而
	ESi		⒜習	畫		,
	家		⒞失	其所在j		,
	ESj	三日乃	⒞得			.
	父k		⒞怒			而
	ESk		⒜笞	之		,
	ESi	泣	⒜引	淚		而
	ESi		⒜成	鳥		.
此i	ESl	可	⒜謂		忘榮辱於畫者	也.

3) 단어읽기

[李澄:이징, 幼:어리다, 登:오르다, 樓:누각/다락, 而:순접 접속사, 習畫:그림을 익히다, 家:집(사람들), 失:잃어버리다, 其所在:그가 있는 곳, 三日:3일(만에), 乃:드디어, 得:얻었다/찾았다, 父:아버지, 怒:노하다, 而:순접 접속사, 笞之:그를 매질하다, 泣:울다, 引淚:눈물을 (찍어) 당기다, 而:순접 접속사, 成鳥:새를 만들(/그리)다, 此:이/그(지시대명사 李澄을 지시함), 可謂:가히 -라 할만하다, 忘:잊다, 榮辱:영예와 치욕(을), 於畫:그림(을 그리는 데)에서, 者:사람, 也:진술 어기조사]

4) 해석하기

이징은 어려서 다락에 올라가,

그림을 익혔는데,

집에서는 그가 있는 곳을 모르다가.

(그의 소재지가) 3일 만에 비로소 알려졌다,

부친이 노하여

그를 매질하니,

그는 울면서도 눈물을 찍어 당겨

새를 (그려) 완성했다.

그는 **(우리가)** 가히 영욕을 그림을 그리는 데에 잊어버린 사람이라 할만하다.

5) 해설

- **비명시적인 세 주어 'ESi'**: '李澄i'와 동일 지시된다. 해당 **술어가 활동 사건의미** 'Ⓐ習(익히다)/Ⓐ引(찍어 당기다)/Ⓐ成(만들다)'를 나타내므로, 이 **주어는 의지의 〈행위자〉**이다.
- **비명시적인 주어 'ESj'**: '其所在j(그가 있는 곳)'과 동일 지시된다. 해당 **술어가 변화결과** 사건의미 'Ⓒ得(얻어지다/알게 되다)'를 나타내므로, 이 **주어는 변화 〈대상자〉**이다.
- **비명시적인 주어 'ESk'**: '父k'과 동일 지시된다. 해당 **술어가 [+심리] 변화결과 사건의미** 'Ⓒ怒(화내다)'를 나타내므로, 이 **주어는 〈경험자〉**이다.
- **비명시적인 주어 'ESl'**: '일반인 주어(우리/너희/그들 등등)'이므로 생략되었다. 해당 **술어가 활동 사건의미** 'Ⓐ謂(-라 말하다)'를 나타내므로, 이 **주어는 의지의 〈행위자〉**이다.

6) 심화 및 참고

- **술어 'Ⓐ成'**: '되다'로 해석되며, 일반적으로 변화결과 사건의미를 표시한다. 그러나 예문에서는 'ES(행위자)+成V+鳥O'의 구조 속에서 '만들다/그리다'의 **활동 사건의미**를 나타낸다.
- **예술에 혼을 묻은 사람**: 그림을 그리는 것이 얼마나 좋았으면, 매를 맞아 흐르는 눈물로 그림을 그렸을까? 훌륭한 예술가는 **'몰입'**을 통해 탄생한다.

1) [이명은의 서예 연습법] 원문읽기

李掌令命殷癖於書, 雖在路上, 常執木枝以行, 曰: "不可 ·刻忘執筆之法也." 竟以筆名世.

이장령명은벽어서, 수재노상, 상집목지이행, 왈: "불가일각망집필지법야." 경이필명세.

활:144, 형설기문

2) 도식보기

앞 성분	주어 (S)	부가 성분	술 어(V-v) ⒶDO/ⒷBE/ ⒸBECOME/ ⒹC-B/使	목적어 (O)	보어 (C)	뒷 성분
	李掌令命殷i		Ⓒ癖		於書	,
	ESi-1	雖	Ⓑ在		路上	,
	ESi-2	常	Ⓐ執	木枝		以
	ESi-2		Ⓐ行			,
	ESi-2		Ⓐ曰			: "
	ESi-3	不可一刻	Ⓒ忘	執筆之法		也."
	ESi-3	竟以筆	Ⓒ名		世	.

3) 단어읽기

[李:이씨, 掌令:장령(벼슬이름), 命殷:명은(인명), 癖:빠지다/버릇이 있다, 於書:글씨쓰기에, 雖:비록, 在路上:길에 있다, 常:항상, 執木枝:나뭇가지를 가지다, 以:-하면서(순접 접속사), 行:다니다, 曰:말하다, 不:아니다, 可:가히, 一刻:일각(15분)이라도, 忘:잊다, 執筆:붓을 잡다, 之:-는(관형어 표시 조사), 法:법/방식, 也:진술 어기조사, 竟:마침내, 以:-써(도구표시 전치사), 筆:붓/서예, 名:이름나다/유명해지다, 世:세상(에서)]

4) 해석하기

장령 이명은은 글씨(/서예)에 푹 빠졌다.
(그는) 비록 길 위에 있더라도,
항상 나뭇가지를 들고 다니며,
"(나는) 일각이라도 붓을 잡는 법을 잊으면 안 된다."라고 말했다.
(그는) 마침내 붓으로 세상에 이름나게 되었다.

5) 해설

- **비명시적인 주어 'ESi-1'**: '李掌令命殷i'과 동일 지시 관계이다. 해당 **술어가 상태 사건 의미** 'Ⓑ在(있다/존재하다)'를 나타내므로, 이 **주어는 묘사 〈대상자〉**이다.
- **비명시적인 주어 'ESi-2'** : 모두 '李掌令命殷i'과 동일 지시 관계이다. 해당 **술어가 활동 사건의미** 'Ⓐ執(잡다/가지다)/Ⓐ行(다니다/움직이다)/Ⓐ曰(말하다)'를 나타내므로, 이 **주어는 〈행위자〉**이다.
- **비명시적인 주어 'ESi-3'** : 모두 '李掌令命殷i(나: 이명은 본인을 가리키는 경우)'과 동일 지시 관계이다. 해당 **술어가 인지 변화 사건의미** 'Ⓒ忘(잊다)'를 나타내므로, 이 **주어는 인지 변화의 〈경험자〉**이다.
- **비명시적인 주어 'ESi-4'** : 모두 '李掌令命殷i(그: 글쓴이가 가리키는 경우)'과 동일 지시 관계이다. 해당 **술어가 변화결과 사건의미** 'Ⓒ名(유명하게 되다)'를 나타내므로, 이 **주어는 변화의 〈대상자〉**이다.
- **주어 '李掌令命殷'**: 사람표시 명사이지만, 해당 **술어가 변화결과 사건의미** 'Ⓒ癖(푹 빠지다)'를 나타내므로, 이 **주어는 변화 〈대상자〉**이다. 변화의 **〈귀착점(goal)〉은 보어** '於書(서예에)'이다.

6) 심화 및 참고

- **'李掌令命殷'**: 성명과 관직을 함께 쓸 때는 **'성+벼슬+이름'**의 순서로 적는다. '장령(掌令)'은 조선시대 사헌부 정4품의 벼슬이름이다.
- **형설기문(螢雪記聞): 조선 후기 이극성(李克誠)이 지은 인물 일화집.

3.4. 우리나라의 지리

| 지형 / 금강산 / 백두산과 지리산 / 아! 독도 |

1) [우리나라의 지형] 원문읽기

我國山多野少, 車行不便. 〈중략〉 我國東西南皆大海, 船無有不通.

아국산다야소, 거행불편. 〈중략〉 아국동서남개대해, 선무유불통.

화:106, 택리지

2) 도식보기

앞 성분	주어 (S)	부가 성분	술 어(V-v) ⒶDO/ⒷBE/ ⒸBECOME/ ⒹC-B/使	목적어 (O)	보어 (C)	뒷 성분
我國	山		Ⓑ多			
	野		Ⓑ少			,
	車行	不	Ⓑ便			.〈중략〉
我國	東西南	皆	ⒷEV		大海	,
	船		Ⓑ無		有不通	.

3) 단어읽기

[我國:우리나라(는), 山:산(이), 多:많다, 野:들(이), 少:적다, 車行:수레 운행/수레가 다니기, 不便:불편하다. 〈중략〉 我國:우리나라(는), 東西南:동서남쪽, 皆:모두, 大海:큰 바다, 船:배/선박(이), 無:없다, 有:있다, 不通:통하지 않다]

4) 해석하기

우리나라는 산이 많고
들이 적어서,
수레 운행이 편하지 않다.
우리나라는 동서남쪽이 모두 큰 바다여서
배가 통하지 않음이 없다.

5) 해설

- 주어 '車行': '수레 운행'. 해당 **술어가 상태 사건의미** 'ⓑ便(편하다)'를 나타내므로, 이 **주어는 묘사 〈대상자〉**이다.
- 주어 '東西南': '동쪽과 서쪽과 남쪽'. 해당 **술어가 상태 사건의미** 'ⓑEV(有:존재하다)'를 나타내고, 존재 〈대상자〉 보어가 병합됨으로, 이 **주어는 묘사 〈대상자〉**이다.
- **비명시적인 술어 'EV'**: 묘사 〈대상자〉 주어 및 존재 〈대상자〉 보어와의 병합 등을 볼 때, 생략된 **술어는 상태 사건의미의 [+존재] 동사** '有(이다)'로 해석된다.
- **앞 성분 '我國'**: 주어의 앞에 위치한 진술 대상, 즉 **화제**이다.

6) 심화 및 참고

- '無有不通': '[無[有[不[通]]]]'. 꺾쇠 안을 속에서부터 밖으로 들여다보자. 구조가 조직화되는 중에 두 개의 부정어가 있다. **이중부정은 강한 긍정**이다.
- **택리지(擇里志)**: 조선 영조 때 실학자 **이중환(李重煥)**이 저술한 지리서.

1) [금강산] 원문읽기

中國人有曰: "願生高麗國, 親見金剛山." 金剛山之名於天下久矣.

중국인유왈: "원생고려국, 친견금강산." 금강산지명어천하구의.
동:182, 지봉유설

2) 도식보기

주어 (S)	부가 성분	술 어(V-v) Ⓐ DO/Ⓑ BE/ Ⓒ BECOME/ Ⓓ C-B/使	목적어 (O)	보어 (C)	뒷 성분
中國人i	有	Ⓐ曰			: "
ESi		Ⓒ願	生高麗國, 見金剛山		."
金剛山之名於天下		Ⓒ久			矣

3) 단어읽기

[中國:중국, 人:사람, 有:있다, 曰:말하다, 願:원하다, 生:태어나다, 高麗國:고려국, 親見:친히 보다/직접 보다, 金剛山:금강산, 金剛山之名:금강산이 유명하다, 於天下:세상에서, 久:오래 되다, 矣:진술 어기조사]

4) 해석하기

중국 사람이 (있어) 말했다.

"나는 (다음 생애에) 고려국에서 태어나 몸소 금강산을 보고 싶다."

금강산이 천하에서 유명함은 오래 되었도다.

5) 해설

- **비명시적인 주어 'ESi'**: '中國人i'과 동일 지시된다. 해당 **술어가 변화결과 사건의미인 [+심리] 동사** 'Ⓐ願(원하다)'이므로, 이 **주어는** 〈경험자〉로 해석된다.
- **주어 '金剛山之名於天下'**: 절 주어이다. 해당 **술어는 변화결과 사건의미** 'Ⓒ久(오래되다)'이므로, 이 절 주어는 **변화** 〈대상자〉로 해석된다.
- **목적어 '生高麗國, 親見金剛山'**: 두 개의 절로 이루어진 **지배** 〈대상자〉 **목적어**이다.

6) 심화 및 참고

- **'金剛山之名於天下' 분석**: '[[[金剛山]之][名[於天下]]]'의 구조이다. 이 속을 잘 들여다 보자. 이 구조의 주어는 '金剛山'이고, 따라서 '之'는 주격조사로서의 용법이다. **술어는 변화결과 사건의미의** 'Ⓒ名(유명해지다)'이고, **보어** '於天下(온 세상에)'는 변화결과의 〈귀착점〉이다. 이 주술구조가 다시 명사구로 전환되어 **주어**로 쓰이고, 이에 대해 다시 **변화결과 사건의미를 나타내는** 'Ⓒ久(오래되다)'가 술어로 작동하는 구조이다.
- **지봉유설(芝峯類說)**: 조선 중기 문신 이수광(李睟光, 1563-1628)이 저술한 백과 사전 류의 서적.

1) [백두산과 지리산] 원문읽기

白頭山在女眞朝鮮地界, 爲 ·國花蓋. 上有大澤, 周圍八十里. **(중략)**
智異山在南海上, 是爲白頭之大盡脉. 故一名頭流山.

백두산재여진조선지계, 위일국화개. 상유대택, 주위팔십리. (중략)

지리산재남해상, 시위백두지대진맥. 고일명두류산.

동:183, 택리지

2) 도식보기

앞 성분	주어 (S)	부가 성분	술 어(V-v) ⒶDO/ⒷBE/ ⒸBECOME/ ⒹC-B/使	목적어 (O)	보어 (C)	뒷 성분
	白頭山i		Ⓑ在		女眞朝鮮地界	,
	ESi		Ⓒ爲		一國花蓋	.
	上		Ⓑ有		大澤	,
	周圍		ⒷEVj		八十里	,
	智異山		Ⓑ在		南海上	,
	是		Ⓑ爲		白頭之大盡脉	.
故	一名		ⒷEVk		頭流山	.

3) 단어읽기

[白頭山:백두산, 在:있다, 女眞朝鮮:여진과 조선, 地界:땅의 경계, 爲:되다, 一國:한 나라, 花蓋:꽃 뚜껑,화관. 上:위(장소), 有:있다, 大澤:큰 연못, 周圍:둘레, 八十里:80리. (중략) 智異山:지리산, 在:있다, 南海上:남해의 위(바닷가), 是:이(대명사), 爲:되다, 白頭:백두, 之:-가(주격표시 조사), 大盡脉:크게 맥을 다한 곳(장소). 故:그래서, 一:또 하나(는)/달리, 名:이름, 頭流山:두류산(백두가 흘러내린 산)]

4) 해석하기

백두산은 여진과 조선의 경계에 있어,

(백두산은) 한 나라의 꽃뚜껑이(/화려한 덮개가) 된다.

위에는 큰 연못이 있는데,

주위는 80십리**이다**.

지리산은 남해 바닷가에 있는데,

이는 백두산이 크게 맥을 다한 곳이다.

그러므로 다른 하나의 이름은 두류산(/백두산이 흘러내린 산)**이다**.

5) 해설

- **비명시적인 주어 'ESi'**: '白頭山i'과 동일 지시된다. 해당 **술어가 변화결과 사건의미 'ⓒ 爲(되다)'**를 나타내므로, 이 **주어는 변화 〈대상자〉**로 해석된다.
- **주어 '周圍'**: 장소명사. **묘사 〈대상자〉 주어**이다.
- **비명시적인 술어 'EVj'**: 묘사 〈대상자〉 주어 및 판단의 결과를 표시하는 보어와의 병합을 볼 때, 생략된 **술어는 상태 사건의미 중 하나인 '판단'의 의미 '爲(이다)'**로 해석된다.
- **보어 '女眞朝鮮地界'**: 장소 표시 보어이다. 중간에 **접속사가 발음되지 않지만 있다고** 보아 **'여진과 조선의 경계(사이)'**로 해석한다.
- **보어 '白頭之大盡脉'**: 장소 표시 보어이다. **'백두가 크게 맥을 다한(盡) 곳'**으로 해석된다.
- **비명시적인 술어 'EVk'**: 묘사 〈대상자〉 주어 및 판단의 결과를 표시하는 보어와의 병합을 볼 때, 생략된 **술어는 상태 사건의미 중 하나인 '판단'의 의미 '爲(이다)'**로 해석된다.

6) 심화 및 참고

- **택리지(擇里志)**: 조선 후기의 실학자 이중환(李重煥, 1690-1756)이 저술한 인문 지리서.

1) [아! 독도] 원문읽기

此島高麗得之於新羅, 我朝得之於高麗, 元非日本之地. 祖宗疆土不可與之.

차도고려득지어신라, 아조득지어고려, 원비일본지지. 조종강토불가여지.

화:106, 금:147, 비:162, 지:199, 만기요람, 묵오유고.

2) 도식보기

앞 성분	주어 (S)	부가 성분	술 어(V-v) ⒶDO/ⒷBE/ ⒸBECOME/ ⒹC-B/使	목적어 (O)	보어 (C)	뒷 성분
此島i	高麗		Ⓐ得	之i	於新羅	,
	我朝		Ⓐ得	之i	於高麗	
	ESi	元	Ⓑ非		日本之地	.
祖宗疆土k	ESj	不可	Ⓐ與	EOk	之	

3) 단어읽기

[此: 이(지시 대명사), 島:섬, 高麗:고려(가), 得:얻다, 之:그것, 於新羅:신라에서, 我朝:우리 조정/조선, 得:얻다, 之:그것, 於高麗:고려에서, 元:근본적으로/원래부터, 非:아니다, 日本之地:일본의 땅. 祖宗:조상, 疆土:국토/땅, 不可:할 수 없다/해서는 안 된다, 與:주다, 之:그들(에게)]

4) 해석하기

이 섬은 고려가 신라에서 그것을 얻었고,

우리 조정이 고려에서 그것을 얻었으니,

(이 섬은) 근본적으로 일본의 땅이 아니다.

조상에게서 물려받은 영토는 **(우리가)** 그들에게 줄 수 없다.

5) 해설

- **비명시적인 주어 'ESi'**: '此島i'과 동일 지시된다. 해당 **술어가 상태 사건의미인 [+판단]**의 '⑧非(-이 아니다)'이므로, 이 **주어는 묘사 〈대상자〉**로 해석된다.
- **비명시적인 주어 'ESj'**: '보편주어**(우리/너희/그들 등등)**'이다. 해당 **술어가 활동 사건의미** '⑧與(주다)'이므로, 이 **주어는 의지의 〈행위자〉**로 해석된다.
- **앞 성분 '此島', '祖宗疆土'**: 모두 주어 앞에서 **진술의 대상이 된 화제**이다.
- **'祖宗疆土k'**: 흔적만 남은 목적어 EOk의 위치에서 **문두로 이동한 화제**이다. 해당 **술어가 활동 사건의미를 나타내는 '⑧與(주다)'임을 볼 때, 이 화제는 반드시 〈행위자〉 주어 ESj의 앞까지 이동한 것으로 해석**되어야 한다.

6) 심화 및 참고

- **'祖宗疆土不可與之'의 '之'**: '祖宗疆土'를 지시하는지, 앞에 나온 일본을 지시하는지 가늠하기 쉽지 않다. 그러나 '일본'을 가리키는 것으로 해석해야 한다. 왜냐면, 목적어 자리는 비어있는 것이 아니라 **화제가 이동하고 남은 훈적이 있는 자리**이기 때문이다. 따라서 **이 '之'는 보어 자리에 위치하여 해석**되어야 한다.
- **만기요람(萬機要覽)**: 1808년 서영보(徐榮輔), 심상규(沈象奎) 등이 왕명으로 지은 책.
- **묵오유고(黙吾遺稿)**: 구한말의 문신 이명우(李明宇)의 문집.

3.5. 민속

| 설날 / 추석 / 청춘경로회 / 춤추고 노래하며 |

1) [설닐] 원문읽기

京都俗, 歲謁家廟, 行祭祀, 曰茶禮. 男女年少卑幼者皆着新衣, 曰歲粧, 訪族戚長老, 曰歲拜.

경도속, 세알가묘, 행제사, 왈차례. 남녀년소비유자개착신의, 왈세장, 방족척장노, 왈세배.

금:141, 지:181, 동국세시기

2) 도식보기

앞 성분	주어 (S)	부가 성분	술 어(V-v) Ⓐ DO/Ⓑ BE/ ⓒ BECOME/ ⓓ C-B/使	목적어 (O)	보어 (C)	뒷 성분
京都俗,	ESi	歲	Ⓐ謁		家廟	,
	ESi		Ⓐ行	祭祀j		,
	ESj		ⓒ曰		茶禮	.
	男女年少卑幼者	皆	Ⓐ着	新衣k		,
	ESk		ⓒ曰		歲粧	
	ESi		Ⓐ訪	族戚長老l		,
	ESl		ⓒ曰		歲拜	.

3) 단어읽기

[京都:서울, 俗:풍속, 歲:새해/세밑, 謁:찾아 절하다, 家廟:집안의 사당, 行:행하다, 祭祀:제사, 曰:이르다, 茶禮:차례. 男女:남녀, 年少:나이 젊다, 卑幼者:항렬이 낮은 어린 사람들, 皆:다, 着:입다, 新衣:새옷, 曰:이르다, 歲粧:세장, 訪:방문하다, 族戚長老:친척 어른, 曰:이르다, 歲拜:세배]

4) 해석하기

서울의 풍속에, (사람들이) 새해에 집안의 사당에 절하고,

제사를 지내는데,

(**이것은**) '차례'라고 이른다.

남녀 중 나이가 적거나 항렬이 낮은 사람들이 모두 새 옷을 입으니,

(**이것은**) '세장'이라 이르고,

(사람들이) 친척과 어른들을 찾아뵈니,

(**이것은**) '세배'라 이른다.

5) 해설

- **비명시적인 두 주어 'ESi'**: '일반인 주어/사람들'이다. 해당 **술어가 활동 사건의미** 'Ⓐ謁(인사/절하다)/Ⓐ行(행하다)'를 나타내므로, 이 **주어는 의지의 〈행위자〉**이다.
- **비명시적인 주어 'ESj'**: '**이것**'. '祭祀j(제사)' 또는 '行祭祀j(제사 지내기)'와 동일 지시된다. 해당 **술어가 변화결과 사건의미** 'ⒸⒺ(-라고 불리다)'이므로, 이 **주어는 변화의 〈대상자〉**로 해석된다.
- **비명시적인 주어 'ESk'**: '男女年少卑幼者k(남녀 어린이와 아랫사람들)'와 동일 지시된다. 해당 **술어가 활동 사건의미** 'Ⓐ着(입다)'이므로, 이 **주어는 의지의 〈행위자〉**로 해석된다.
- **비명시적인 주어 'Sl'**: '**이것**'. '新衣k(새 옷)' 또는 '着新衣l(새 옷 입기)'와 동일 지시된다. 해당 **술어가 변화결과 사건의미** 'ⒸⒺ(-라고 불리다)'이므로, 이 **주어는 변화의 〈대상자〉**로 해석된다.
- **비명시적인 주어 'ESm'**: '**이것**'. '訪+族戚長老m(친척 어른을 방문하기)'와 동일 지시된다. 해당 **술어가 변화결과 사건의미** 'ⒸⒺ(-라고 불리다)'이므로, 이 **주어는 변화의 〈대상자〉**로 해석된다.

6) 심화 및 참고

- **비명시적 주어의 환원**: 본문에는 **총 5 종류**의 서로 다른 비명시적인 주어가 작동한다. 그러나 내용을 들여다보면, 그 환원은 어렵지 않다. 바로 전 절에서 말한 내용을 **경제성 추구** 차원에서 생략했을 뿐이다.
- **동국세시기(東國歲時記)**: 조선시대 학자 홍석모(洪錫謨)가 지은 민속 해설서.

1) [추석] 원문읽기

秋夕鄕里田家爲一年最重之名節. 以其新穀已登, 西成不遠.

추석향리전가위일년최중지명절. 이기신곡이등, 서성불원.

교:103, 비:112, 대:117, 동국세시기

2) 도식보기

앞 성분	주어 (S)	부가 성분	술 어(V-v) ⒶDO/ⒷBE/ ⒸBECOME/ ⒹC-B/使	목적어 (O)	보어 (C)	뒷 성분
	秋夕	鄕里田家	Ⓑ爲		一年最重之名節	.
以	其新穀	已	Ⓒ登			,
	西成	不	Ⓑ遠			.

3) 단어읽기

[秋夕:추석, 鄕里:시골, 田家:농가, 爲:되다, 一年:1년, 最重:가장 중요하다, 之:-은(관형어 표시 조사), 名節:명절. 以:-써(원인/이유표시 접속사), 其:그, 新穀:햇곡식, 已:이미, 登:오르다/익다, 西成:추수, 不遠:멀지 않다]

4) 해석하기

추석은 시골 농가에서 일 년 중 가장 중요한 명절이다.
그 햇곡식이 이미 익었고,
가을걷이가 멀지 않기 때문이다.

5) 해설

- **술어 'Ⓑ爲': 묘사 〈대상자〉 주어** 및 **판단 대상 보어**와의 결합을 볼 때, 이 **술어는 상태 사건의미**의 하나인 **[+판단]의 '-이다'**로 해석된다.

6) 심화 및 참고

- **서성(西成):** 가을에 익은 농작물을 거두어들이는 일. 추수. 음양오행설에서 서쪽이 가을을 뜻한 것에서 비롯되었다.

1) [청춘경로회] 원문읽기

江陵俗敬老, 每値良辰, 請年七十以上, 會於勝地, 以慰之, 名曰青春敬老會.

강릉속경로, 매치량신, 청년칠십이상, 회어승지, 이위지, 명왈청춘경로회.

비:118, 동국세시기

2) 도식보기

앞성분	주어(S)	부가성분	술어(V-v) ⒶDO/ⒷBE/ⒸBECOME/ⒹC-B/使	목적어(O)	보어(C)	뒷성분
江陵俗	ESi-1		Ⓐ敬	老		,
	ESi-2	每	Ⓒ値		良辰	,
	ESi-1		Ⓐ請	年七十以上		,
	ESi-2		Ⓒ會		於勝地	,
以	ESi-1		Ⓐ慰	之		,
	ESi-1	名	Ⓐ曰		青春敬老會	.

3) 단어읽기

[江陵俗:강릉 풍속, 敬:공경하다, 老:노인, 每:매번, 致:이르다/되다, 良辰:좋은 시절/때, 請:초청하다, 年七十以上:나이 70 이상, 會:모이다, 於勝地:명승지에서, 以:순접 접속사, 慰:위로하다, 之:그들, 名:이름, 曰:이르다, 青春敬老會:청춘경로회]

4) 해석하기

강릉 풍속에 (사람들은) 노인을 공경하는데,

(사람들은) 매 번 좋은 시절이 오면,

(사람들은) 나이가 70 이상인 사람들을 초청하여,

(사람들은) 경치가 좋은 곳에 모여,

(사람들은) 그들을 위로하니,

(사람들은) 이름하여 청춘경로회라 한다.

5) 해설

- **비명시적인 네 주어 'ESi-₁'**: '일반주어: (강릉)**사람들**'을 가리키므로 생략될 수 있다. 해당 **술어는 활동 사건의미** 'Ⓐ敬(공경하다)/Ⓐ請(초청하다)/Ⓐ慰(위로하다)/Ⓐ曰(-라고 말하다)'를 나타내므로, 이들 **주어는 ⟨행위자⟩**로 해석된다.
- **비명시적인 두 주어 'ESi-₂'**: '일반주어: (강릉)**사람들**'을 가리킨다. 해당 **술어가 변화결과 사건의미**를 나타내므로, 이들 **주어는 변화 ⟨대상자⟩**로 해석된다.
- **술어 'Ⓒ値', 'Ⓒ會'**: 변화 ⟨대상자⟩로 기능하는 주어 및 이들과 보어와의 결합을 볼 때, 변화결과 사건의미로 해석되어야 좋다.
- **목적어 '年七十以上'**: 술어 'Ⓐ請(초청하다)'의 **지배 ⟨대상자⟩**이므로, '나이가 70 이상인 사람들을'로 해석된다.
- **앞 성분 '以'**: 접속사, 여기서는 '순접'을 표시한다.

6) 심화 및 참고

- **일반주어의 생략**: 한문이나 고대중국어에서 '일반인 주어'에 해당하는 말은 **'경제성의 원칙'**에 따라 생략한다.

1) [춤추고 노래하고] 원문읽기

群聚歌舞飲酒, 晝夜無休, 其舞數十人俱起相隨, 踏地低昂, 手足相應, 節奏有似鐸舞.

군취가무음주, 주야무휴, 기무수십인구기상수, 답지저앙, 수족상응, 절주유사탁무.
삼국지 위서 동이전

2) 도식보기

앞 성분	주어 (S)	부가 성분	술 어(V-v) ⓐDO/ⓑBE/ ⓒBECOME/ ⓓC-B/使	목적어 (O)	보어 (C)	뒷 성분
	群i	聚	ⓐ歌j$_1$			
	ESi		ⓐ舞j$_2$			
	ESi		ⓐ飮j$_3$	酒		.
	ESj$_{1+2+3}$	晝夜	ⓑ無		休	.
其舞	數十人k		ⓐ俱	起		
	ESk	相	ⓐ隨			,
	ESk		ⓐ踏	地		
	ESk		ⓐ低			
	ESk		ⓐ昂			
	手足	相	ⓐ應			,
	節奏		ⓑ有		似鐸舞	.

3) 단어읽기

[群:무리, 聚:모여, 歌:노래하다, 舞:춤추다, 飮酒:술을 마시다, 晝夜:밤낮, 無休:쉼 없다, 其: 그(지시 대명사), 舞:춤, 數十人:수십 사람, 俱:갖추다/함께 하다, 起:움직임, 相:서로, 隨:따르 다, 踏:밟다/차다, 地:땅/바닥, 低:구부리다, 昂:우러르다/젖히다, 手足:손발, 相:서로, 應:응 하다, 節奏:절주(음악의 마디), 有:있다, 似:닮다/같다, 鐸舞(탁무: 고대중국 군무의 일종)]

4) 해석하기

무리가 모여 노래하고 춤추며 술을 마시고,

(노래와 춤과 음주가) 밤낮으로 쉼이 없는데,

그 춤은 수십 명이 움직임의 모양을 함께 하여 서로 따르며,

땅바닥을 밟고 (몸을) 구부렸다 젖혔다 하며,

손과 발이 서로 감응하니,

그 절주(춤과 음악의 마디마디)가 중국의 군무인 탁무와 같음이 있다.

5) 해설

- **비명시적인 주어 'ESi'**: '群i(무리)'와 동일 지시된다. 해당 술어가 **활동 사건의미**인 'Ⓐ舞(춤추다)', 'Ⓐ飮(술 마시다)'이므로, 이 **주어는 의지의 〈행위자〉**이다.
- **비명시적인 주어 'ESj₁₊₂₊₃'**: 앞에 나온 '歌j₁(노래하기)', '舞j₂(춤추기)', '飮j₃(술 마시기)'의 합과 동일 지시되므로 생략되었다. 해당 술어는 상태 **사건의미**인 'Ⓑ無(없다)'이므로, 이 **주어는 묘사 〈대상자〉**이다. 따라서 여기서는 앞에 나온 동사들이 주어로 해석되어야 하므로, 명사화하여 해석한다.
- **비명시적인 주어 'ESk'**: 앞에 나온 '數十人k(수십 명)'과 동일 지시되므로 생략되었다. 해당 술어가 **활동 사건의미**인 'Ⓐ隨(따르다), Ⓐ踏(밟다), Ⓐ低(구부리다), Ⓐ昻(젖히다/우러르다)' 등이므로, 이 **주어는 의지의 〈행위자〉**이다.

6) 심화 및 참고

- **술어의 특성**: 위 문장의 술어 11개 가운데, '無'와 '有'를 제외한 9개가 **활동 사건의미**를 나타낸다. 이를 통해 당시 마한(馬韓)의 민속을 매우 생동감 있게 묘사하였다.
- **『삼국지(三國志)』 위서(魏書) 동이전(東夷傳)**: 중국 서진(西晉)의 진수(陳壽)가 편찬한 역사 책. 동이전 속에는 2-3세기 동북아와 한반도에 존재했던 나라들에 대한 여러 기록들이 있다. 그중 부여(夫餘)의 영고(迎鼓), 예(穢)의 무천(舞天), 고구려의 동맹(東盟), 마한(馬韓)의 5월제와 10월제(본문의 내용) 등에 대한 민속기록도 있다. 이들은 주로 제천의식(祭天儀式)인데, 음악과 함께 술을 마시며 노래를 부르고 춤을 추면서 행했던 것이다. 오늘날 21세기 전 세계를 주름잡는 **한국의 가무**에 관한 **예술적 유전자**가 이때부터 전해 내려온 것은 아닐까?

3.6. 언행과 선행

| 언행 / 누구와 어울리나 / 신중한 대답 / 부자 만덕의 선행 |

1) [언행(1-3)] 원문읽기

① 無道人之短, 無說己之長.

　　무도인지단, 무설기지장. 금:69, 문선

② 病從口入, 禍從口出.

　　병종구입, 화종구출. 화:52, 태평어람

③ 晝語雀聽, 夜語鼠聽.

　　주어작청, 야어서청. 지:75, 순오지

2) 도식보기

연번	앞성분	주어(S)	부가성분	술 어(V-v) ⒶDO/ⒷBE/ⒸBECOME/ⒹC-B/使	목적어(O)	보어(C)	뒷성분
①		ES	無	Ⓐ道	人之短		,
		ES	無	Ⓐ說	己之長		.
②		病	從口	Ⓒ入			,
		禍	從口	Ⓒ出			.
③	晝語i	雀		Ⓐ聽	EOi		,
	夜語j	鼠		Ⓐ聽	EOj		.

3) 단어읽기

① [無:하지마라, 道:말하다, 人之短:사람의 단점, 無:하지마라, 說:말하다, 己之長:자기의 장점]

② [病:병(은), 從口:입으로부터, 入:들어오다, 禍:화(는), 從口:입으로부터, 出:나오다]

③ [晝語:낮 말, 雀:참새(가), 聽:듣다, 夜語:밤 말, 鼠:쥐(가), 聽:듣다]

4) 해석하기

① (너는) 남의 단점을 말하지 말고,
   자신의 장점을 말하지 마라.
② 병은 입으로부터 들어오고,
   화는 입으로부터 나간다.
③ 낮말은 참새가 듣고,
   밤말은 쥐가 듣는다.

5) 해설

- ①의 **비명시적인 주어 'ES'**: 모두 '일반주어(사람들/**너희**)'를 가리킨다. 해당 **술어는 모두 활동 사건의미 'Ⓐ道/Ⓐ說'**이므로, 이들 **주어는 모두 〈행위자〉**로 해석된다.
- **술어 'ⓒ入', 'ⓒ出'**: 주어가 모두 **변화 〈대상자〉**로 해석되며, 이들 **술어가 모두 변화결과 사건의미**이다.
- ③의 **보이지 않는 목적어 'EOi'와 'EOj'**: 각각 **문두의 화제** '晝語i(낮말)', '夜語j(밤말)'와 동일 지시되며, 각 문장의 **진술대상**이 된다.

6) 심화 및 참고

- **문선(文選)**: 중국 양(梁)나라 소명태자 소통(蕭統)이 역은 시문집.
- **순오지(旬五志)**: 조선 중기 학자 홍만종(洪萬宗)의 문학 평론집.

1) [누구와 어울리나] 원문읽기

近朱者赤, 近墨者黑.

근주자적, 근묵자흑.
교:77, 대:89, 부순고집

2) 도식보기

앞 성분	주어 (S)	부가 성분	술 어(V-v) ⒶDO/ⒷBE/ ⒸBECOME/ ⒹC-B/使	목적어 (O)	보어 (C)	뒷 성분
	近朱者		Ⓒ赤			,
	近墨者		Ⓒ黑			.

3) 단어읽기

[近:가까이하다, 朱:주사(붉은색), 者:사람, 赤:붉어지다, 近:가까이하다, 墨:먹(검은색), 者:사람, 黑:검어지다]

4) 해석하기

주사를 가까이하는 자는 붉어지게 **되고**,

먹을 가까이 하는 자는 검게 **된다**.

5) 해설

- **주어 '近朱者', '近墨者'**: '사람'을 의미하지만, 우리의 뇌 속에서 [+의지]의 〈행위자〉로 파악되지 않는다. 즉, 이들은 **변화 〈대상자〉 주어**로 해석된다.
- **술어 'ⓒ赤', 'ⓒ黑'**: 변화 〈대상자〉 주어를 볼 때, 이들 술어는 **변화결과 사건의미**로 '붉어지다', '검어지다'로 해석된다.

6) 심화 및 참고

- **부순고집(傅鶉觚集)**: 중국 진(晉)나라 때 학자 부현(傅玄)이 편찬한 책.

1) [신중한 대답] 원문읽기

"二牛何者爲勝?"
"此牛勝.""雖畜物, 其心與人同也. 此勝則彼劣使牛聞之, 寧無不平之心乎?"

"이우하자위승?"
"차우승." "수축물, 기심여인동야. 차승즉피열사우문지, 영무불평지심호?"
대:149, 지봉유설

2) 도식보기

앞의 말은 황희정승이 물은 것이고, 뒤의 말은 농부의 대답이다(각각 A와 B로 표시함).

앞 성분	주어 (S)	부가 성분	술 어(V-v) ⒶDO/ⒷBE/ⒸBECOME/ⒹC-B/使	목적어 (O)	보어 (C)	뒷 성분
A: "	二牛i		Ⓑ爲		勝	?"
	此牛		Ⓑ勝			.
	ESi		ⒷEV		畜物	
	其心	與人	Ⓑ同			也.
B: "	此		Ⓑ勝			則
	彼		Ⓑ劣			,
	ESj		Ⓓ使		牛聞之	,
	ESk	寧	Ⓑ無		不平之心	乎?"

3) 단어읽기

["二牛:두 마리 소, 何者:어느 것(이), 爲:이다, 勝:센 것" "此牛:이 소(가), 勝:이기다." "雖:비록, 畜物:가축, 其心:그것들의 마음, 與人:사람과, 同:같다, 也:진술 어기조사. 此:이것(이), 勝:이기다, 則:순접 접속사, 彼:저것(이), 劣:열등하다/지다, **使:하여금(명시적 사역 경동사)**, 牛聞之:소가 그것을 듣다, 寧:어찌, 無:없다, 不平之心:불평하는 마음, 乎:의문 어기조사"]

4) 해석하기

A[황희]:

"이들 두 마리의 소는 어느 것이 낫지요?"

B[농부]:

(농부가 귓속말로 대답했다.)

"이 소가 낫습니다."

(그런데 왜 귓속말로 하나요?)

"비록 기르는 짐승이라도 그 마음은 사람과 같습니다.

이놈이 낫다고 하면,

저놈은 열등하게 되는데,

(이런 말을) **소가 듣게 되게 한다면,**

(낫지 못하다고 들은 그 소는) 어찌 불평하는 마음이 없겠습니까?"

5) 해설

- **비명시적인 주어 'ESi'**: '二牛i(두 마리 소)'와 동일 지시된다. 해당 **술어가 상태 사건의 미** '®EV(-이다)'를 나타내므로, 이 **주어는 묘사 〈대상자〉**로 해석된다.
- **비명시적인 주어 'ESj'**: 앞 두절의 내용, 즉 '此勝則彼劣(이놈이 낫고, 저놈이 못 하다라는 말)'과 동일 지시된다. 해당 **술어가 '사역'의 사건의미** 'Ⓓ使-聞'를 나타내므로, 이 **주어는 사역 사건의 〈원인자〉**로 해석된다. 이 '使'는 바로 **사역표시 경동사**이다.
- **비명시적인 주어 'ESk'**: 앞 두 절의 내용 중, 즉 **'낫지 못하다고 들은 그 소'**와 동일 지시된다. 해당 **술어가 상태 사건의미** '®無(없다)'를 나타내므로, 이 **주어는 묘사 〈대상자〉**로 해석된다.
- **앞 성분 '二牛'**: 화제로, 이 문장의 진술 대상이다.
- **앞 성분 '雖'**: 접속사, 여기서는 **'역접'**을 표시한다. **'雖然'**과 같다.

6) 심화 및 참고

- **원문의 배경**: 위의 대화는 훗날 정승이 된 황희가 **'농부'**를 통해 겪은 일화이다. 이 글은 **생략된 말들의 지시성에 다소간의 파격**이 있으므로, **상상력**을 발동시켜 읽어보자.
- **지봉유설(芝峯類說)**: 조선 중기의 학자 이수광(李睟光)의 저서.

1) [부자 만덕의 선행] 원문읽기

萬德取十之一, 以活親族, 其餘盡輸之官. 浮黃者聞之, 集官庭如雲. 男若女出而頌萬德之恩.

만덕취십지일, 이활친족, 기여진수지관. 부황자문지, 집관정여운. 남약여출이송만덕지은.

동:145, 금:159, 번암집

2) 도식보기

앞 성분	주어 (S)	부가 성분	술어(V-v) ⒶDO/ⒷBE/ⒸBECOME/ⒹC-B/使	목적어 (O)	보어 (C)	뒷 성분
	萬德i		Ⓐ取	十之一		,以
	ESi		Ⓓ活	親族		,
其餘	ESi	盡	Ⓐ輸	之	官	.
	浮黃者		Ⓐ聞	之		,
	集官庭		Ⓑ如		雲	.
	男若女j		Ⓐ出			而
	ESj		Ⓐ頌	萬德之恩		.

3) 단어읽기

[萬德:만덕(은), 取:취하다, 十之一:10분지 1, 以:순접 접속사, **活:살게 하다/살리다**, 親族:친족, 其餘:그 남은 것(은), 盡:다, 輸:보내다, 之:그것(을), 官:관청(에). 浮黃者:누렇게 뜬 사람(들), 聞:듣다, 之:그것(만덕의 선행), 集官庭:관청의 뜰에 모인 것(이), 如雲:구름 같다. 男若女:남자와 여자, 出:나오다, 而:순접 접속사, 頌:칭송하다, 萬德之恩:만덕의 은혜]

4) 해석하기

만덕이 십분의 일을 가져다가,

(그녀는) **친족을 살리고(/살게 하고)**,

그 나머지는 (그녀가) 다 그것을 관청에 보냈다.

(굶주려) 누렇게 뜬 사람들이 이를 듣고,

관청의 뜰에 모인 것이 구름 같더라.

남자들과 여자들이 나아와

(크들어) 만덕의 은혜를 칭송하였다.

5) 해설

- **비명시적인 두 곳의 주어 'ESi'**: '萬德i(만덕)'과 동일 지시된다. 단, 전자는 해당 **술어가 사역 사건의미** 'Ⓓ活(살리다/살게 하다)이므로 〈원인자〉 주어로 해석되고, 후자는 술어가 **활동 사건의미** Ⓐ輸(보내다)'이므로 〈행위자〉 주어로 해석된다.

- **비명시적인 주어 'ESj'**: '男若女j(남자들과 여자들)'과 동일 지시된다. 해당 **술어가 활동 사건의미** 'Ⓐ頌(칭송하다)'를 나타내므로, 이 **주어는 〈행위자〉**이다.

- **주어 '集官庭'**: 'V+C' 구조의 주어로, '관청의 뜰에 모인 자들'로 해석된다. 또, 이 주어는 상태 사건의미를 나타내는 '如(-같다)'이므로, 이 주어는 묘사 〈대상자〉이다.

- **주어 '男若女'**: 'A+B' 구조의 주어로, '남자들과 여자들'로 해석된다. 또, 이 주어는 상태 사건의미를 나타내는 '如(-같다)'이므로, 이 주어는 묘사 〈대상자〉이다. '若'은 '병렬' 표시 접속사. '-와'.

- **앞 성분 '其餘'**: 화제로, 이 문장의 진술 대상이다.

- **뒷 성분 '以'**: 접속사, **'순접'**을 표시한다.

- **뒷 성분 '而'**: 접속사, 여기서는 **'순접'**을 표시한다.

6) 심화 및 참고

- **부가어 '盡'**: '모두, 다'. 여기서는 술어가 아니라, **부사어로 기능**한다.

- **번암집(樊巖集)**: 조선 후기 학자 채제공(蔡濟恭, 1720-1799)의 문집.

4. 운문(韻文)

4.1. 향수

| 고요한 밤의 상념 / 절구 / 비 내리는 가을밤에 / 나그네 마음 |

1) [고요한 밤의 상념(靜夜思)] 원문읽기

牀前看月光, 疑是地上霜. 擧頭望山月, 低頭思故鄕.

상전간월광, 의시지상상. 거두망산월, 저두사고향.
금:113, 동:114, 이태백집

2) 도식보기

앞 성분	주어 (S)	부가 성분	술 어(V-v) ⒶDO/ⒷBE/ ⒸBECOME/ ⒹC-B/使	목적어 (O)	보어 (C)	뒷 성분
	ES	牀前	Ⓐ看	月光		,
	ES		Ⓒ疑			.
	是		ⒷEV		地上霜	
	ES		Ⓐ擧	頭		,
	ES		Ⓐ望	山月		
	ES		Ⓐ低	頭		.
	ES		Ⓒ思	故鄕		

3) 단어읽기

[牀:침상, 前:앞 看:보다, 月光:달빛, 疑:의심하다, 是:이것, 地上:땅위, 霜:서리. 擧頭:머리를 들다, 望:보다, 山月:산 위의 달, 低頭:고개를 숙이다, 思:생각하다, 故鄕:고향]

4) 해석하기

침상 앞에서 달빛(이 비췬 곳)을 보니,

이것이 땅 위의 서리인가 의심이 드네.

머리를 들어 산 위의 달을 바라보고,

고개를 숙여 고향을 생각하네.

5) 해설

- **비명시적인 6곳의 주어 'ES'**: 모두 **작자/이백의 자칭 '나'**를 지시한다.
- **주어 '是(이것)'**: 해당 **술어**가 상태 사건의미 '**ⒷEV(이다)**'를 나타내고, 보어 '**地上霜(땅 위의 서리)**'와의 관계를 볼 때, 이 **주어는 묘사 〈대상자〉**로 해석된다.
- **술어 'Ⓒ疑', 'Ⓒ思'**: [+심리] 동사 술어이다. 이 술어는 주어 〈경험자〉로서 이백의 '심리'를 나타내는 **변화결과 사건의미 술어**이다.

6) 심화 및 참고

- **이태백집(李太白集)**: 중국 당나라 때 시인 이백의 시문집. 이백(李白, 701-762)은 당나라 때의 대시인으로 시선(詩仙)이라 불린다.

1) [절구(絶句)] 원문읽기

江碧鳥逾白, 山青花欲然. 今春看又過, 何日是歸年?

강벽조유백, 산청화욕연. 금춘간우과, 하일시귀년?

비:96, 동:115, 두보중간천가주두시전집

2) 도식보기

앞 성분	주어 (S)	부가 성분	술 어(V-v) ⒶDO/ⒷBE/ ⒸBECOME/ ⒹC-B/使	목적어 (O)	보어 (C)	뒷 성분
	江		Ⓑ碧			
	鳥	逾	Ⓑ白			,
	山		Ⓑ青			
	花	欲	Ⓑ然	.		.
今春	ESi		Ⓐ看	又過		
	何日		Ⓑ是		歸年	?

3) 단어읽기

[江碧:강이 푸르다, 鳥:새, 逾:더욱, 白:희다, 山青:산이 푸르다, 花:꽃, 欲然:불타려는듯하다. 今春:올 봄, 看:보다, 又過:또 지나감, 何日:어느 날, 是:이다, 歸年:돌아갈 해]

4) 해석하기

강 빛 푸르니
(물 위의) 새가 더욱 희고,
산 빛 푸르니
꽃이 불타려는듯하다.
(이런 정경의) 올 봄이 말이지,
(내가) 또 지나가는 것을 보네,
어느 날이 고향에 돌아갈 해란 말인가?

5) 해설

- **비명시적인 주어 'ESi'**: '저자(두보)'를 가리킨다. 해당 **술어가 활동 사건의미를** 나타내는 'Ⓐ看(보다)'이므로, 이 **주어는 의지의 〈행위자〉**이다.
- **술어 'Ⓑ碧', 'Ⓑ白', 'Ⓑ青', 'Ⓑ然'**: 모두 색깔로 상태 사건의미를 표시한다. '옅게 푸르다', '희다', '짙푸르다', '붉은색(/불타는듯한 색깔)'
- **술어 Ⓑ是**: **상태 사건의미**의 하나인 [+판단], 즉 '-이다'로 해석된다.
- **'앞 성분' 今春j(금년 봄)**: 화제. [+의지]의 행위를 표시하는 술어 'Ⓐ看'을 볼 때, 뒤의 목적어 자리에서 문두로 이동하였다.

6) 심화 및 참고

- **'절구(絶句)'**: 작품 한 수가 4구로 된 **시 형식**의 하나.
- **동사 '是'**: 현대중국어에서는 상용도가 매우 높은 단어이지만, 한문/고대중국어에서 이런 기능을 보이는 것은 드물다. 본서에서 유일하게 출현한 경우이다.
- **중간천가주두시전집(重刊千家註杜詩全集)**: 중국 당나라 때 대시인 **두보(杜甫, 712-770)**의 시에 대한 여러 주석을 모아 편찬한 책.

1) [비 내리는 가을밤에(秋夜雨中)] 원문읽기

秋風唯苦吟, 擧世少知音. 窓外三更雨, 燈前萬里心.

추풍유고음, 거세소지음. 창외삼경우, 등전만리심.
비:99, 교:125, 지:137, 화:158, 최치원

2) 도식보기

앞 성분	주어 (S)	부가 성분	술 어(V-v) ⒶDO/ⒷBE/ ⒸBECOME/ ⒹC-B/使	목적어 (O)	보어 (C)	뒷 성분
秋風	ES	唯苦	Ⓐ吟			,
	擧世		Ⓑ少		知音	.
	窓外		ⒸEVi		三更雨	,
	燈前		ⒸEVj		萬里心	

3) 단어읽기

[秋風:가을 바람, 唯:오직, 苦:괴롭게, 吟:읊조리다, 擧世:세상(을 통틀어), 少:적다, 知音:친구(/나를 인정해주는 사람). 窓外:창 밖, 三更:늦은 밤(11시부터 1시 사이), 雨:비, 燈前:등불 앞, 萬里心:(먼먼/긴긴)고향 생각]

4) 해석하기

가을바람에 (난) 오직 괴로이 읊조리나니,
온 세상에 나를 알아주는 이 적구나.
창 밖에는 밤비가 내리고,
등불 앞은 (간절한/긴긴) 고향 생각이 이네.

5) 해설

- **주어가 '秋風'인가 비명시적인 주어 'ES'인가?:** 해당 술어가 활동 사건의미 'Ⓐ吟(읊조리다)'이므로, **주어는 〈행위자〉로 해석된다.** 그렇다면, '가을바람'은 은유적 표현이겠다. **주어가 'ES(작자 최치원)'라면, 활동 사건의미 'Ⓐ吟(읊조리다)'와 잘 어울린다.** 따라서 후자로 해석하는 것이 더 좋다.
- **주어 '擧世', '窓外', '燈前':** 모두 장소명사가 묘사 〈대상자〉 주어로 기능하며, 보어는 '존재(知音)'나 '출현(三更雨/萬里心)'의 〈대상자〉로 기능한다.
- **비명시적인 술어 'ⒸEVi':** 장소 주어 및 변화 〈대상자〉 보어를 고려할 때, 생략된 **술어는 변화결과 사건의미인 '출현'을 표시하는 '下(내리다)'** 유일 것이다.
- **비명시적인 술어 'ⒸEVj':** 장소 주어 및 변화 〈대상자〉 보어를 고려할 때, 생략된 **술어는 변화결과 사건의미인 '출현'을 표시하는 '生(생기다/일어나다)'** 유일 것이다.
- **보어 '知音':** '소리(/음악)를 알아주는 사람', 즉 '친구'.
- **보어 '萬里心':** '(길고 긴 간절한) 고향 생각'. '萬里(먼 곳/고향)+心(마음)'의 구조이다.

6) 심화 및 참고

- **최치원(崔致遠, 857-?):** 통일신라 말기의 학자이자 문장가. 이 시는 최치원이 유학시절 지은 것으로 알려진다.
- **'知音'의 유래:** 춘추시대에 **백아(伯牙)**라는 거문고의 명인과 그의 **거문고 소리를 듣고 악상(樂想)을 잘 이해해 준 종자기(鐘子期)**라는 두 사람의 우정 이야기에서 유래한다. 종자기가 죽자 백아가 거문고 줄을 끊었다는 **백아절현(伯牙絶絃)**도 여기서 유래(由來)되었다.

1) [나그네 마음] 원문읽기

月白雪白天地白, 山深夜深客愁深.

월백설백천지백, 산심야심객수심.

대:165, 김립시집

2) 도식보기

앞 성분	주어 (S)	부가 성분	술어(V-v) ⒶDO/ⒷBE/ ⒸBECOME/ ⒹC-B/使	목적어 (O)	보어 (C)	뒷 성분
	月		Ⓑ白			
	雪		Ⓑ白			
	天地		Ⓑ白			,
	山		Ⓑ深			
	夜		Ⓑ深			
	客愁		Ⓒ深			.

3) 단어읽기

[月:달/달빛, 白:희다, 雪:눈/눈빛, 白:희다, 天地:천지/온 세상, 白:희다, 山:산, 深:깊다, 夜:밤, 深:깊다, 客愁:나그네 근심, 深:깊다]

4) 해석하기

달빛 희고
눈빛 희고
온 세상이 흰데,
산이 깊고
밤도 깊고
나그네의 걱정도 깊어지네.

5) 해설

- **주어 '客愁(나그네의 근심)'**: 해당 술어 'ⓒ深(깊어지다)'가 **변화결과 사건의미**를 나타내므로, 이 **주어는 변화 〈대상자〉**로 해석된다.
- **술어 'Ⓑ白', 'Ⓑ深'**: 각 3회, 2회씩 반복된 **상태 사건의미 술어**이다. 묘사 〈대상자〉 주어와의 결합을 통해, 작자의 정경에 대한 **점층적 묘사**를 표현한다.
- **마지막 술어 'ⓒ深'**: 이는 'Ⓑ深'로 해석해도 가능하겠지만, 역시 나그네 마음의 변화를 나타내는 **변화결과 사건의미**의 술어로 해석하는 것이 좋다.

6) 심화 및 참고

- **김립시집(金笠詩集)**: 조선 후기 방랑시인 김병연(金炳淵)의 시집.

4.2. 그대에게

❘ 임을 보내며 / 사절로 길 떠나는 아들에게 / 눈 속에 친구를 만나러 갔으나 /
그대를 기다리며 ❘

1) [임을 보내며(送人)] 원문읽기

雨歇長堤草色多, 送君南浦動悲歌. 大同江水何時盡, 別淚年年添綠波.

우헐장제초색다, 송군남포동비가. 대동강수하시진, 별루년년첨록파.
동:123, 정지상, 동문선

2) 도식보기

앞 성분	주어 (S)	부가 성분	술 어(V-v) ⒜DO/⒝BE/ ⓒBECOME/ ⓓC-B/使	목적어 (O)	보어 (C)	뒷 성분
	雨		ⓒ歇		長堤	
	草色		⒝多			,
	ES$_{i-1}$		⒜送	君	南浦	
	ES$_{i-2}$		ⓒ動		悲歌	.
	大同江水	何時	ⓒ盡			?
	別淚	年年	ⓒ添		綠波	.

3) 단어읽기

[雨:비, 歇:(잠시) 그치다, 長堤:긴 둑, 草色:풀 빛, 多:많다/짙다, 送:배웅하다/보내다, 君:그대, 南浦:남포(지명), 動:진동하다/울려나다, 悲歌:슬픈 노래. 大同江:대동강, 水:물, 何時:어느 때, 盡:다하다, 別淚:이별의 눈물, 年年:해마다, 添:더하다, 綠波:푸른 파도(에)]

4) 해석하기

비 그친 긴 둑
풀색이 짙은데,
(나) 그대를 남포로 보내니
(내게) 슬픈 노래가 충동질되네.
대동강 물이 어느 때 마르겠는가?
이별의 눈물이 해마다 푸른 파도 위에 더해지는데.

5) 해설

- **주어 '雨(비)'**: 해당 술어 'ⓒ歇(그치다)'가 변화결과 사건의미를 나타내므로, 이 주어는 변화 〈대상자〉이다.
- **비명시적인 주어 'ES$_{i-1}$'**: '저자(정지상)'을 가리킨다. 해당 **술어가 활동 사건의미** 'Ⓐ送(보내다, 전송하다)'이므로, 이 **주어는 의지적인 〈행위자〉**로 해석된다.
- **비명시적인 주어 'ES$_{i-2}$'**: '저자(정지상)'을 가리킨다. 해당 **술어가 변화결과 사건의미** 'ⓒ動(요동치다/생기다)'이므로, 이 **주어는 변화가 발생하는 장소**로 해석된다. 따라서 주어는 장소적 의미, 즉 **'내게'**로 해석된다.
- **주어 '大同江水(대동강의 물)'**: 해당 술어 'ⓒ盡(다 하다)'가 변화결과 사건의미를 나타내므로, 이 주어는 변화 〈대상자〉이다.
- **주어 '別淚(이별의 눈물)'**: 해당 술어 'ⓒ添(더해지다)'가 변화결과 사건의미를 나타내므로, 이 주어는 변화 〈대상자〉이다.
- **보어 '悲歌(슬픈 노래)'**: 출현의 〈대상자〉이다.
- **보어 '綠波(푸른 파도)'**: 변화 〈대상자〉 주어 '別淚'의 변화 '도달점'이다.

6) 심화 및 참고

- **정지상(鄭知常, 미상-1135)**: 고려시대 서경(西京) 출신의 문신. 위의 시 **'송인(送人)'** 혹은 **'송우인(送友人)'**이라고 하는 시로 유명하다. 서경출신으로 서울을 서경으로 옮길 것을 주장해, 김부식(金富軾)을 중심으로 한 개경 세력과 대립하였다. 서경을 거점으로 묘청 등이 난을 일으키자, 적극 가담했으나 김부식이 이끄는 토벌군에게 패해 개경에서 참살되었다. 그는 정치인으로서만이 아니라, 뛰어난 시인으로서 문학사에서 큰 비중을 차지한다.

1) [사절로 길 떠나는 아들에게(寄長兒赴燕行中)] 원문읽기

涼風忽已至, 遊子衣無寒?, 念此勞我懷, 種種報平安.

양풍홀이지, 유자의무한?, 염차로아회, 종종보평안.

지:142, 영수합 서씨, 영수합고

2) 도식보기

앞 성분	주어 (S)	부가 성분	술 어(V-v) ⒶDO/ⒷBE/ ⒸBECOME/ ⒹC-B/使	목적어 /주어 (O/s)	보어 /술어 (C/v)	뒷 성분
	涼風	忽已	Ⓒ至			,
遊子i	衣		Ⓓ無	EOi	寒	?
	ES$_{i-1}$		Ⓒ念			
	此		Ⓓ勞	我	懷	,
	ES$_{i-2}$	種種	Ⓐ報	平安		!

3) 단어읽기

[涼風:서늘한 바람, 忽:홀연히, 已:이미, 至:이르다, 遊子:여행길의 아들, 衣:옷/의복, **無:없게 되게 하다**, 寒:춥게 되다/추위, 念:생각하다, 此:이것(이), **勞:수고롭게 되게 하다/괴롭게 하다**, 我:나로 하여금, 懷:(마음을) 품게 되다, 種種:종종, 報:알리다, 平安:평안함]

4) 해석하기

서늘한 바람이 갑자기 이미 이르렀으니,

여행 중에 있는 아들은, 옷 입은 것이 (아들로 하여금/아들에게) **한기를 없게 해 줄 건지**?!

(아들은) 이것이 **나로 하여금 괴로운 마음을 품게 한다**는 생각이 들거든,

(아들은) 종종 평안함을 알려 다오.

5) 해설

- **주어 '涼風'**: 해당 **술어가 변화결과 사건의미**를 나타내므로, 이 주어는 **변화 〈대상자〉**이다.
- **비명시적인 주어 'ES$_{i-1}$'**: '遊子i(여행 중에 있는 아들)'와 동일 지시된다. 해당 **술어가 변화결과 사건의미 'ⓒ念(생각이 들다)'**이므로, 이 **주어는 심리 〈경험자〉**로 해석된다.
- **비명시적인 주어 'ES$_{i-2}$'**: '遊子i(길 떠나는 아들)'와 동일 지시된다. 해당 **술어가 활동 사건의미 'Ⓐ報(알리다)'**이므로, 이 **주어는 의지적 〈행위자〉**로 해석된다.
- **술어 'Ⓓ無'**: 사역의 사건의미, 즉 **'옷이 한기가 없게 되게 해주다'**를 표시하는 술어이다. '衣(옷)'는 〈원인자〉 주어이다.
- **술어 'Ⓓ勞'**: 사역의 사건의미, 즉 **'이것이 내 마음을 수고롭게 하다'**를 표시하는 술어이다. '此(이)'는 원인자로 윗 절 '(옷이 춥지나 않을는지) 생각하는 것'이다.
- **앞 성분 '遊子(여행 중에 있는 아들)'**: 화제로, 이 문장의 진술 대상이며, 뒤의 EOi의 위치에서 이동한 것으로 보인다.

6) 심화 및 참고

- **영수합고(令壽閤稿)**: 영수합 서씨의 시집. 남편 홍인모(洪仁謨)의 유고집인 족수당집(足睡堂集)에 부록으로 편찬됨.

1) [눈 속에 친구를 만나러 갔으나(雪中訪友人不遇)] 원문읽기

雪色白於紙, 擧鞭書姓字. 莫教風掃地, 好待主人至.

설색백어지, 거편서성자. 막교풍소지, 호대주인지.

동:130, 이규보, 동국이상국집

2) 도식보기

앞 성분	주어 (S)	부가 성분	술 어(V-v) ⒶDO/ⒷBE/ ⒸBECOME/ ⒹC-B/使	목적어 /주어 (O/s)	보어 /술어 (C/v)	뒷 성분
	雪色		Ⓑ白		於紙	,
	ESi	擧鞭	Ⓐ書	姓字j		,
	ESj-1	莫	Ⓓ教	風	掃地	,
	ESj-2	好	Ⓒ待		主人至	.

3) 단어읽기

[雪色:눈 빛깔, 白:희다, 於:-보다(비교표시 전치사), 紙:종이, 擧:들다, 鞭:채찍, 書:쓰다, 姓字:성과 자. 莫:-(하지)마라(정태사), 教:로 하여금(**명시적 사역 경동사**), 風:바람, 掃地:땅을 쓸다(vo), 好:잘, 待:기다려지다, 主人:주인, 至:이르다]

4) 해석하기

눈 빛깔이 종이보다 더 희니,

(나는) 채찍을 들어 이름을 쓴다.

(이 이름 써놓은 것이)

바람으로 하여금 땅을 쓸지 않게 하기를,

(이 이름 써놓은 것이)

주인이 이를 때까지 잘 기다려지길.

5) 해설

- **비명시적인 주어 'ESi'**: '작자(이규보)'를 가리킨다. 해당 **술어가 활동 사건의미** 'Ⓐ書(쓰다)'이므로, 이 **주어는 의지적 〈행위자〉**로 해석된다.

- **비명시적인 주어 'ESj-1'**: '姓字j(성과 자/이름)'와 동일 지시된다. 해당 **술어가 '사역' 사건의미** 'Ⓓ教(-로 하여금—하게 하다)'를 나타내므로, 이 **주어는 사역 사건의 〈원인자〉**로 해석된다. '教'는 '使'로 해석되는 명시적 사역 경동사이다.

- **비명시적인 주어 'ESj-1'**: '姓字j(성과 자/이름)'와 동일 지시된다. 해당 **술어가 변화결과 사건의미** 'Ⓒ待(기다려지다)'이므로, 이 **주어는 변화의 〈대상자〉**이다.

- **보어 '於紙'**: '종이보다 더 V하다'. '형용사(A)+於(비교 전치사)+紙(대상자 N)' 구조이다.

- **보어 '主人至'**: '주인이 이를 때까지'. '주어+술어' 구조이다.

- **앞 성분 '好'**: '잘'. 부가어.

6) 심화 및 참고

- **동국이상국집(東國李相國集)**: 고려시대 문장가인 이규보(李奎報, 1168-1241)의 시문집.

1) [그대를 기다리며(待郞君)] 원문읽기

郞云月出來, 月出郞不來. 想應君在處, 山高月上遲.

낭운월출래, 월출낭불래. 상응군재처, 산고월상지.

비:90, 대:171, 능운, 대동시선

2) 도식보기

앞 성분	주어 (S)	부가 성분	술 어(V-v) ⒶDO/ⒷBE/ ⒸBECOME/ ⒹC-B/使	목적어 (O)	보어 (C)	뒷 성분
	郞i		Ⓐ云			"
	月		Ⓒ出			
	ESi		Ⓒ來			",
	月		Ⓒ出			
	郞	不	Ⓒ來			.
	ESj		Ⓒ想			應
	君		Ⓑ在		處	,
	山		Ⓑ高			
	月上		Ⓑ遲			.

3) 단어읽기

[郞云:그대가 말하다, 月出:달이 뜨다, 來:(그대가) 오다, 月出:달이 뜨다, 郞:그대, 不來:오지 않다. 想:생각하다, 應:마땅히/응당/분명, 君在處:그대가 있는 곳(은), 山高:산이 높다, 月上: 달이 뜨는 것이, 遲:늦다]

4) 해석하기

그대는 말했죠.

달이 뜨면

오마라고.

달은 떴는데

그대는 안 오시네요.

생각해보니 분명

그대가 계신 곳에는

산이 높아

달이 뜨는 게 늦은 것 같네요.

5) 해설

- **비명시적인 주어 'ESi':** '郎i(낭군/그대)'과 동일 지시된다. 해당 **술어가 변화결과 사건 의미** 'ⓒ來(오다)'를 나타내므로, 이 **주어는 변화의 〈대상자〉**로 해석된다.
- **비명시적인 주어 'ESj':** '작자(낭군을 기다리는 사람)'를 지시한다. 해당 **술어가 변화결 과 사건의미** 'ⓒ想(생각하다)'이므로, 이 **주어는 변화의 〈경험자〉**로 해석된다.
- **주어 '月上':** '달이 뜨는 것'. 'S+V' 구조이다. 해당 술어가 **상태 사건의미를 표시하는 술** 어 'Ⓑ遲(늦다)'이므로, 이 **주어는 묘사 〈대상자〉**로 해석된다.
- **뒷 성분 '應':** 부사어, '응당/분명'.

6) 심화 및 참고

- **능운(凌雲, ?-?):** 조선시대 여류 시인.
- **그대를 기다리며:** 사랑하는 이를 기다리는 여인의 마음을 눈에 잡힐 듯, 자연에 기탁하여 그린 아름다운 시이다.

4.3. 자연 속에서

┃ 산중문답 / 동자에게 묻노니 / 고원의 역에서 / 알밤 세 톨 / 적벽부 ┃

1) [산중문답(山中問答)] 원문읽기

問余何意棲碧山? 笑而不答心自閑. 桃花流水窅然去, 別有天地非人間.

문여하의서벽산? 소이부답심자한. 도화유수요연거, 별유천지비인간.
지:149, 이백, 전당시

2) 도식보기

앞 성분	주어 (S)	부가 성분	술 어(V-v) ⒶDO/ⒷBE/ⒸBECOME/ⒹC-B/使	목적어 (O)	보어 (C)	뒷 성분
	ESi		Ⓐ問	余	何意棲碧山?	,
	ESj	笑而不	Ⓐ答			
	心	自	Ⓑ閑			.
	桃花k		Ⓒ流		水	
	ESk	窅然	Ⓒ去			,
	ESl	別	Ⓑ有		天地	
	ESl		Ⓑ非		人間	.

3) 단어읽기

[問:묻다, 余:나, 何意:무슨 뜻, 棲:살다, 碧山:청산, 笑:웃다, 而:접속사, 不答:대답하지 않다, 心:마음, 自閑:자연스럽고 한가하다. 桃花:복사꽃, 流水:물에 흘러가다, 窅然:멀다, 去:가다, 別:특별하다, 有:있다/존재하다, 天地:하늘과 땅/세상, 非:아니다, 人間:인간 세상]

4) 해석하기

(**어떤 이가**) 나에게 묻노니,

(**당신은**) "무슨 뜻으로 청산에 사는가?",

(**난**) 웃으며 대답하지 않지만

내 마음은 절로 한가롭다네.

복사꽃이 물위에 흘러,

(**그 꽃이**) 저 멀리 떠나가네.

(**이 곳에는**) 특별히 딴 세상이 있나니,

(**이곳은**) 인간 세상이 아니로다.

5) 해설

- **비명시적인 주어 'ESi'**: 미지의 **'어떤 사람'**을 가리킨다. 한편, 해당 **술어가 활동 사건의**미를 나타내는 '④問(묻다)'이므로, 이 **주어는 〈행위자〉**이다.
- **비명시적인 주어 'ESj'**: **'작자(이백)'**을 가리킨다. 한편, **해당 술어가 활동 사건의미를** 나타내는 '④答(답변하다)'이므로, 이 **주어는 〈행위자〉**이다.
- **비명시적인 주어 'ESk'**: '桃花k(복사꽃)'와 동일 지시된다. 한편, 해당 **술어가 변화결과 사건의미**를 나타내는 '©流(흘러가다)'이므로, **주어는 변화 〈대상자〉**이다.
- **비명시적인 주어 'ESl'**: '존재(⑧有)'나 '판단(⑧非)'을 나타내는 술어, 또 이들이 '天地 (세상)', '人間(인간세상)' 등 장소를 나타내는 보어와의 병합을 볼 때, 보이지 않는 주어 는 역시 모종의 장소명사이다. 그렇다면, 이 시의 제목에 있는 '이곳(산속: 山中)'이겠다.
- **보어 '人間'**: '인간 세상'. 판단의 결과로 해석된다.

6) 심화 및 참고

- **부가어 '笑而不(答)'**: '(내가) 웃으나 (대답하지) 않지만'. '술어+역접의 접속사+부정부 사' 구조이다. 이것은 **독립된 절**로 해석해도 무방하겠다. 7언시(七言詩)의 구조상 함께 묶 어서 파악한다.
- **전당시(全唐詩)**: 청나라 강희(康熙)의 칙명에 따라 팽정구(彭定求) 등이 당시(唐詩)를 모 아 엮은 시집.

1) [동자에게 묻노니] 원문읽기

松下問童子, 言師採藥去. 只在此山中, 雲深不知處.

송하문동자, 언사채약거. 지재차산중, 운심부지처.
금:119, 교:120, 고문진보, 가도

2) 도식보기

앞 성분	주어 (S)	부가 성분	술 어(V-v) ⒶDO/ⒷBE/ ⒸBECOME/ ⒹC-B/使	목적어 (O)	보어 (C)	뒷 성분
	ESi	松下	Ⓐ問	EOk	童子j	, "
	ESj		Ⓐ言		師k採藥去	.
	ESk	只	Ⓑ在		此山中	,
雲深	ESj	不	Ⓒ知	處		."

3) 단어읽기

[松下:소나무 아래, 問:묻다, 童子:아이, 言:말하다, 師:스승, 採:채취하다, 藥:약초, 去:가다. 只:다만, 在:있다/존재하다, 此:이, 山中:산속, 雲深:구름이 깊다(주술구조), 不知:알지 못하다, 處:거처/장소]

4) 해석하기

(내가) 소나무 아래에서 동자에게 물으니,

(그가) 말하네.

선생님은 약초를 캐러 가셨어요.

(선생님은) 다만 이 산속에 계시겠지만,

구름이 짙어 (전) 선생님이 계신 곳을 모르겠어요.

5) 해설

- **비명시적인 주어 'ESi'**: '작자(가도)'를 가리킨다. 해당 **술어가 활동 사건의미** 'Ⓐ問(묻다)'이므로, 이 **주어는** 〈행위자〉이다.
- **비명시적인 주어 'ESj'**: '童子j(아이)'와 동일 지시된다. 해당 술어가 **활동 사건의미** 'Ⓐ言(말하다)'이므로, **주어는** 〈행위자〉이다.
- **비명시적인 주어 'ESk'**: '師k(동자의 스승)'와 동일 지시된다. 해당 **술어가 상태 사건의미** 'Ⓑ在(존재하다/있다)'이므로, **주어는 묘사** 〈대상자〉이다.
- **목적어 '處'**: '(선생님이 계신) 그곳'. 위에서의 배경이 있으므로 그렇게 해석된다.
- **비명시적인 목적어 'EOk'**: '師k(스승/스승의 소재)'와 동일 지시된다.

6) 심화 및 참고

- **가도(賈島)**: 당나라 때의 시인. 이 시는 '고문진보(古文眞寶)'에 실린 가도의 **'은자를 찾아갔다가 만나지 못하고(尋隱者不遇)'**이다.

1) [고원의 역에서(高原驛)] 원문읽기

林鳥有情啼向客, 野花無語笑留人.

임조유정제향객, 야화무어소유인.
동:124, 김극기, 동문선

2) 도식보기

앞 성분	주어 (S)	부가 성분	술 어(V-v) ⒶDO/ⒷBE/ ⒸBECOME/ ⒹC-B/使	목적어 (O/s)	보어 (C)	뒷 성분
	林鳥i		Ⓑ有		情	
	ESi	啼	Ⓒ向		客	,
	野花j		Ⓑ無		語	
	ESj	笑	Ⓓ留	人		.

3) 단어읽기

[林鳥:숲속의 새, 有情:정이 있다, 啼:울다, 向:향하다, 客:손님/나그네, 野花:들꽃, 無語:말이 없다, 笑:웃다, 留:**머무르게 하다**, 人:사람/나그네]

4) 해석하기

숲속의 새는 정이 있어

(새는) 울면서 나그네에게 향하네.

들꽃은 말없이

(들꽃은) 웃으며 나보고 머물러 달라네./웃으며 사람을 붙잡는다.

5) 해설

- **비명시적인 주어 'ESi':** '林鳥i(숲속의 새)'와 동일 지시된다. 해당 **술어가 변화결과 사건의미** '©向(향하다)'이므로, 이 **주어는 변화 〈대상자〉**이다.

- **비명시적인 주어 'ESj':** '野花j(들꽃)'와 동일 지시된다. 해당 **술어가 '사역' 사건의미** '①留(머물게 하다)'를 나타내므로, 이 **주어는 사역 사건의 〈원인자〉**이다.

- **부가어 '啼', '笑':** '울면서', '웃으면서'. 모두 동사성 부가어로, 술어와 소위 '연동(連動)' 구조를 만들어 부사어로 기능한다.

6) 심화 및 참고

- **시 속의 '나그네'와 '사람(/나)':** 동일한 사람, 즉 '작자'이다. 두 번째 구절의 뒷부분(/절)은 '**사역(CAUSE-BECOME)'의 사건의미**로 해석된다.

- **김극기(金克己):** 고려시대의 문인.

1) [알밤 세 톨] 원문읽기

一家生三子, 中者兩面平. 隨風先後落, 難弟亦難兄.

일가생삼자, 중자양면평. 수풍선후락, 난제역난형.
지:130-131, 소화시평

2) 도식보기

앞 성분	주어 (S)	부가 성분	술 어(V-v) Ⓐ DO/Ⓑ BE/ Ⓒ BECOME/ Ⓓ C-B/使	목적어 (O)	보어 (C)	뒷 성분
	一家		Ⓒ生		三子i	,
中者	兩面		Ⓑ平			.
	ES$_{i-1}$	隨風先後	Ⓒ落			,
	ES$_{i-2}$		Ⓑ難		(ev)弟	
	ES$_{i-2}$	亦	Ⓑ難		(ev)兄	.

3) 단어읽기

[一家:한 집, 生:생기다/태어나다, 三子:세 아이, 中者:중간 것, 兩面:양쪽 면, 平:평평하다. 隨:따르다, 風:바람, 先後:먼저와 나중, 落:떨어지다, 難:어렵게 되다, 弟:아우, 亦:역시, 難:어렵게 되다, 兄:형]

4) 해석하기

한 집에 세 아이가 태어났는데,

가운데 놈은 양면이 평평하다네.

바람 따라 앞서거니 뒤서거니 떨어지니,

(세 톨의 밤은)

아우가 되기도 어렵고,

형이 되기도 어렵다네.

5) 해설

- **주어 '一家(한 집)': 장소명사 주어**이다. 여기에 해당 **술어가 변화결과 사건의미** 'ⓒ生(태어나다)'를 나타내므로, 보어가 변화 〈대상자〉가 된다. 현대중국어에서는 이런 구문을 '**존현문**(存現文: 장소나 시간명사가 주어 자리를 차지하여 보어 위치에 있던 주어성분이 문두의 주어 위치로 올라가지 못한 구조)'이라 한다.
- **비명시적인 주어 'ES$_{i-1}$': '三子$_i$(세 자식/밤 세톨)'**과 동일 지시된다. 해당 **술어가 변화 결과 사건의미** 'ⓒ落(떨어지다)'이므로, 이 **주어는 변화 〈대상자〉**이다.
- **비명시적인 두 주어 'ES$_{i-2}$': '三子$_i$(세 자식/밤 세톨)'**과 동일 지시된다. 해당 **술어가 상태 사건의미** 'Ⓑ難(어렵다)'를 나타내므로, 이들 **주어는 묘사 〈대상자〉**이다. 한편 뒷 '(ev)弟/(ev)兄'은 **절 형식의 보어**로 해석된다.
- **앞 성분 '中者(가운데의 것)': 화제**로, 이 문장의 **진술 대상**이다. **주어의 일부분이 문두**로 이동한 것이다.

6) 심화 및 참고

- **보어로 쓰인 '弟'와 '兄': 주어로 쓰인 변화 〈대상자〉 '三子(세 명의 자녀/세 톨의 밤)'이 귀착되는 대상**이다. '아우가 되다'와 '형이 되다'로 해석되므로, 'ev(爲)+弟'와 'ev(爲)+兄' 구조이다.
- **소화시평(小華詩評):** 조선 중기 문인 홍만종(洪萬鍾)의 시평집.
- **이산해(李山海):** 조선 중기의 문신, 아계집(鵝溪集)이 있다.

1) [맑은 바람 밝은 달빛-적벽부(赤壁賦)] 원문읽기

惟江上之清風, 與山間之明月, 耳得之而爲聲, 目寓之而成色, 取之無禁, 用之不竭.
是造物者之無盡藏也, 而吾與子之所共樂.

유강상지청풍, 여산간지명월, 이득지이위성, 목우지이성색, 취지무금, 용지불갈.
시조물자지무진장야, 이오여자지소공락.

화:184, 금:199, 소식, 적벽부, 고문진보

2) 도식보기

앞 성분	주어 (S)	부가 성분	술 어(V-v) Ⓐ DO/Ⓑ BE/ ⒸBECOME/ ⒹC-B/使	목적어 (O)	보어 (C)	뒷 성분
惟江上之清風, 與山間之明月i	耳		Ⓒ得		之i	
而	ESi		Ⓒ爲		聲	,
	目		Ⓒ寓		之i	
而	ESi		Ⓒ成		色	.
	ESj		Ⓐ取	之i		
	ESi		Ⓑ無		禁	,
	ESj		Ⓐ用	之i		
	ESi	不	Ⓒ竭			.
	是i		ⒷEV		造物者之無盡藏	也.
而	吾與子之		ⒷEV		所共樂	.

3) 단어읽기

[惟:오직, 江上:강 위, 之:-의, 淸風:맑은 바람, 與:-와, 山間:산 사이, 之:-의, 明月:밝은 달, **耳:귀(에)**, **得:얻어지다**, 之:대명사(그것), 而:순접 접속사, 爲聲:소리가 되다, **目:눈(에)**, **寓: 머무르다**, 之:대명사(그것), 而:순접 접속사, 成色 : 색깔이 되다, 取之:그것을 취하다, 無禁: 금지함이 없다, 用之:그것을 사용하다, 不竭:고갈되지 않다. 是:대명사(이것), 造物者:조물주 (자연만물을 만드신 이), 之:-의, 無盡藏:다함이 없는 창고, 也:진술 어기조사(-이다), 而:순접 접속사, 吾與子:나와 그대, 之:-의, 所共樂:함께 즐기는 것]

4) 해석하기

    오직 강 위의 맑은 바람과 산 사이의 밝은 달만이,

    귀에 그것이 얻어지면,

    (그것은) 소리가 되고,

    눈에 그것이 머무르게 되면,

    (그것은) 색깔이 된다.

    (내가) 그것을 취하여도,

    (그것은) 금지함이 없고,

    (내가) 그것을 사용해도,

    (그것은) 마르지 않네.

    이는 조물주의 끝없는 창고라,

    나와 그대가 함께 즐기는 것이라네.

5) 해설

- **주어 '耳(귀)', '目(눈)'**: 장소 주어로 해석된다. 해당 술어가 각각 변화결과 사건의미 'ⓒ 得(얻게 되다)', 'ⓒ寓(머무르게 되다)'를 나타내므로, 이들 **주어는 변화 〈대상자〉**로 해석 된다. 따라서 이 구조에서 보어는 **귀와 눈에 얻어지거나 출현되어지는 요소**(화제로 제시 된 내용)이다. 결국, 이 문맥 속에서 신체의 일부인 '耳(귀)'와 '目(눈)'은 의지적 〈행위자〉 로 파악되지 않는다.

- **주어 '吾與子之(나와 그대가)'**: 여기서의 '之'는 **주격조사 용법**으로서의 '-이/가'이다.

- **비명시적인 네 주어 'ESi'**: 화제 '惟江上之清風, 與山間之明月i(강 위의 청풍과 산 사이 의 밝은 달)'/보어 之i(그것)/是i(이것)' 등과 동일 지시된다. 네 군데의 해당 술어가 모두 **변화결과 사건의미** 'ⓒ爲(되다)', 'ⓒ成(이루어지다)', 'ⓒ禁(금해지다)', 'ⓒ竭(다해지 다)'를 나타내므로, 이들 **주어는 모두 변화 〈대상자〉**로 해석된다.

- **비명시적인 두 주어 'ESj'**: 내용상 '吾與子j(나와 그대/우리 모두)'와 동일 지시된다. 해 당 **술어가 활동 사건의미** 'Ⓐ取(가지다)', 'Ⓐ用(사용하다)'이므로, 이들 **주어는 의지의 〈행위자〉**이다.

- **비명시적인 두 술어 'EV'**: 묘사 〈대상자〉 주어와 판단 내용으로서의 보어를 볼 때, 이들 술어는 모두 **'-이다'**유로 해석된다.

- **보어 '聲'**: 청각상의 모든 것.

- **보어 '色'**: 시각상의 모든 것.

- **보어 '造物者之無盡藏'**: '조물주의 끝이 없는 창고'. 해석 순서는 '造物者¹之²無⁴盡³藏⁵'이다.

- **보어 '所共樂'**: '즐거움을 함께 하는 바의 것'. '所+共V樂O' 구조이다.

6) 심화 및 참고

- **소식(蘇軾)**: 중국 북송의 문인으로 당송팔대가(唐宋八大家)의 한 사람, 소동파(蘇東坡).
- **적벽부(赤壁賦)**: '적벽(赤壁)'은 중국 삼국시대인 208년 손권과 유비의 연합군이 조조의 대군을 격파한 곳이다. '적벽부'는 소식이 유배지인 황주(黃州)에서 양자강을 유람하면서 예전의 적벽대전을 회고하고, 자연의 장구함에 비하여 인생의 짧음을 한탄한 노래이다. 자연의 소리는 누구라도 들을 수 있고, 자연의 색깔은 언제라도 볼 수 있어서 마치 조물주 가 인간에게 선물한 무한한 창고와 같다는 구절이 마음에 와닿는 명문이다.

이 책을 마치면서

이 책은 한문·고대중국어의 '**해석공식**'을 간명하게 제시하고 설명함을 목표로 한다. 특히 초급자의 학습 편이를 위하여 한국 정규 교과과정 중 가장 기초적이라 할 **중학교 한문교과서**(도합 7종)에 실린 예문만을 추려 우리의 '**해석공식**'을 설명하였다. 독자들이 이 '**해석공식**'을 잘 **습득하여** 동양고전이 전하는 내용을 정확히 해석할 수 있게 되길 기대한다. 결국, 예문의 난이도를 생각한다면, 이 책은 초보용이라 할 수 있겠다. 그러나 이 책은 우리 머릿속에 존재하는 **한문해독의 원리를 활성화**시켜줄 것이다. 이를 통해 독자들에게 **자립적으로 정확하게 한문을 해석하도록 강한 에너지**를 전달할 것이다. 더 쉽고, 더 공식적인 해석법을 제공하길 바라는 필자의 마음이 독자들에게 전달되길 바랄 뿐이다.

이 책을 마무리하며 감사를 표합니다.

먼저, 우둔한 자에게 이 책을 짓도록 기회를 주신 하나님께 감사드립니다. 가족들에게 감사합니다. 인문학 탐구의 길을 함께 걷는 선후배 동학들에게 감사합니다. 사랑하는 제자들에게 감사와 격려를 전합니다. 이 책을 아름답게 꾸며준 한티미디어 편집부에 감사를 표합니다.

2020.02
서울 이문동 연구실에서
김 종 호 삼가 적음

1. 교과서

1) 안재철외(2018), 『중학교 한문』, 지학사.
2) 이상진외(2018), 『중학교 漢文』, 동화사.
3) 임완혁외(2018), 『중학교 한문』, 교학사.
4) 이병주외(2018), 『중학교 한문』, 대학서림.
5) 이동재외(2018), 『중학교 漢文』, 비상교육.
6) 박성규외(2018), 『중학교 한문』, 동아출판.
7) 오형민외(2018), 『중학교 한문』, 금성출판사.

2. 기타 참고서

C.-T. James Huang, Y.-H. Audrey Li, Yafei Li(2009), The Syntax of Chinese. Cambridge. Cambridge University Press.

Chomsky N(1995), The Minimalist Program. Cambridge: MIT Press.

Noam Chomsky, 박명관·장영준(2001), 『최소주의 언어이론』, 한국문화사.

Norbert Hornstein(2009), A Theory of Syntax, Minimal Operations and Universal Grammar. Cambridge University Press.

Palmer F.r.(2001[1986]), Mood and Modality(second edition)[M]. Cambridge: Cambridge University Press.

Radford, Andrew(2012[2004]), Minimalist Syntax: Exploring the structure of English. Cambridge. Cambridge University Press, 5th edition.

Tzong-Hong Lin(2001), "Light Verb Syntax and the Theory of Phrase Structure", University of California, Ph.D Dissertation.

Victoria Fromkin외 저(1974, 제9판), 謝富惠외 역(2011[1999]), 『An Introduction to Language(語言學新引)』, CENGAGE Learning, 台北: 文鶴出版有限公司.

Wei-Tien Dylan Tsai(2015), The Cartography of Chinese Syntax. The Cartography of Syntactic Structures. Volume Ⅱ.

참고문헌

공자, 김원중 역(2013[2012]), 『논어』, 경기, 글항아리.

郭錫良·唐作藩·何九盈·蔣紹愚등저, 이강재·김혜영외역(2016), 『古代漢語常識, 고대중국어』, 역락.

김광섭(2018), 『최소주의 최후수단』, 한국문화사.

김대식(2014.11.20.), 「뇌, 나 그리고 현실」, https://www.youtube.com/watch?v=BSCG_VPjuNo.

김용석(2012), 『최소주의 문법, Glossary』, 서울, 글로벌콘텐츠.

김용하·박소영·이정훈·최기용(2018), 『한국어 생성 통사론』, 역락.

김종호(2011), 『현대중국어 10문형 50구문』, 한국외국어대학교출판부.

김종호(2011), 『현대중국어 화제화 이중 명사구문 연구』, 한국문화사.

김종호(2012), 『도표로 보는 정통중국어문법』, 한국외국어대학교출판부.

김종호(2013), 『공자, 멋진 사람을 말하다』, 한티미디어.

김종호(2017), 『논어명구』, 한국외국어대학교 지식출판콘텐츠원.

김종호(2018), 「논어 명구 속 '원인-결과' 사건구조의 이해와 한국어 번역」『중어중문학』 72집.

김종호(2018), 『최소주의 생성문법 13강』, 한국외국어대학교 지식출판콘텐츠원.

김진우(2012[2011]), 『언어와 뇌-생물언어학의 전망』, 한국문화사.

남승호(2008), 『한국어 술어의 사건구조와 논항구조』, 서울대학교출판부.

寧春岩저(2011), 김종호외 역(2015), 『생성문법이란 무엇인가』, 한국문화사.

동양고전정보화연구소(2018), 『漢文 독해 기본 패턴』, 전통문화연구회.

鄧思穎(2010), 『形式漢語句法學』, 上海, 上海教育出版社.

류종목(2014[2010]), 『논어의 문법적 이해』, 서울, 문학과 지성사.

陸儉明主編(2012), 『現代漢語』, 北京, 北京師範大學出版集團.

李澤厚(2008), 『論語今讀』, 北京, 三聯書店.

梅広(2015), 『上古漢語生語法綱要』, 臺北, 三民書局.

武恵華 譯註(1998), 『白話論語』, 北京, 北京大學出版社.

박문호(2017.11.21.), 「뇌와 언어」,
　　　'https://www.youtube.com/watch?v=cFT5y5uvmO8' 참조.

박문호(2018[2017]), 『박문호박사의 뇌과학 공부』, 김영사.

謝氷瑩·劉正浩·李鍌·邱燮友 編譯(民国70年[1981,1968]), 『四書讀本』, 臺北, 三民書局.

세종대왕기념사업회 편집부, 장세경역(2011[1756년경]), 『역주 논어언해』, 서울, 세종대왕기념사업회.

楊伯峻(2014[2006]), 『論語譯注(簡体字本)』, 北京, 中華書局.

楊逢彬(2016), 『論語新注新譯』, 北京, 北京大學出版社.

王力(2010), 『漢語史稿』, 北京, 中華書局.

王邦雄·曾昭旭·楊祖漢, 황갑연譯(2002), 『논어철학』, 서울, 서광사.

熊仲儒(2011), 『現代漢語中的功能範疇』, 安徽師範大學出版社.

유교문화연구소(2005), 『논어』, 서울, 성균관대학교 출판부.

이강재(2006), 『논어』, 파주, 살림출판사.

이기동(2013[1996,1992]), 『論語講說』, 서울, 성균관대학교 출판부.

錢穆(2017), 『論語新解』, 北京, 九州出版社.

정재승(2016.04.25.), 「EBS초대석 – 창의적인 뇌는 무엇이 다른가?」.

정춘수(2018), 『한문공부』, 부키.

曹逢甫(1995[1979]), 『A FUNCTIONAL STUDY OF TOPIC IN CHINESE』, 臺北, 學生書局.

조장희(2017.06.20.), 「언어, 인지 그리고 의식」 'https://www.youtube.com/watch?v=_8Mkb1hXzE8' 참조.

蔡維天(2015), 『從微觀到宏觀 – 漢語語法的生成視野』, 北京, 商務印書館.

何永清(2016), 『論語語法通論』, 臺北, 臺灣商務印書館.

何元建(2011), 『現代漢語生成語法』, 北京, 北京大學出版社.

許世瑛(民国62年[1973]), 『論語二十篇句法研究』, 臺北, 開明書店.

黃正德(2007), 「漢語動詞的題元結構與其句法表現」 『語言科學』 第6卷第4期.